新・建築職人論

オープンなものづくりコミュニティ

松村秀一

学芸出版社

はじめに

埒外から建築を考える――その中で出会った職人の世界

「建築」に対する違和感

今から45年ほど前の1978年、それまで東京大学教養学部の学生だった私は、3年生になるにあたり工学部建築学科に進学した。自分から強く望んでの進学だったが、しばらくすると、その放り込まれた「建築」あるいは「建築学」という枠組み自体に、何か言いようのない違和感を持つようになった。今から思えば、それは、身近な環境を形成する日常的なものだと思っていた建築が、どうも教室の中では非日常的で特別なものとして教えられていることへの違和感だったのだと思う。その進学から2年後に始まる大学院生の時代以来、研究者としての私はこの違和感を何とかするために、いわば「埒外」なのだけれど大事に思えるものを調べたり、「埒外」なのだけれども大事に思えることを考えたりしてきた。

時代遅れのプレハブ住宅研究

卒論の研究室は内田祥哉研究室を選び、大学院でも同じ研究室に進んだ。後に内田祥哉先生（１９２５〜２０２１年）の研究室は、埒外どころか、いわば建築学のど真ん中にあるということがわかってくるのだが、未熟な私はそんなことを知る由もなかった。

卒論のテーマは当時実用化が始まったばかりのＣＡＤ（Computer Aided Design）。博士論文を書き終えてなお研究室に残っておられた寺井達夫さん（後に千葉工業大学で教鞭をとられた）にご指導いただいた。それまでの講義でキャドのキャの字も聞いたことがなかったので、これは埒外のテーマと考えて取り組んだのだが、その後の、特に建築設計段階でのコンピュータ利用や、今日のＢＩＭを初めとする建築分野でのＤＸへの注目度から見れば、これも埒外どころか……という位置付けになってはいる。ただ、40数年前の私は埒外のテーマだと思って取り組んでいた。

卒論の内容はお恥ずかしい限りなのでここでは触れないが、建築業界でのＣＡＤの実用化という意味では、大手ゼネコンよりも大手プレハブ住宅メーカーが先行しているということがわかり、ここで、やはりそれまで教室で一切触れることのなかったプレハブ住宅メーカーの存在に気付き、興味を持つようになった。実は、この時点では浅学にして知らなかったのだが、１９６０年代には、プレハブ住宅は内田研究室の主要な関心の対象だった。私が卒論生になった1970年代末には既にプレハブ住宅を対象とする研究は皆無になっていたが、遅まきながら関心を持ち始めた私にとっては幸いなことに、大学院生になった1980年は、寺井達夫さんら諸先輩方が雑誌『建築文化』の特集「住宅生産の'70年代」の準備を始めた頃だった。私はいわば下働きとして、プレハブ住宅の年表を作成する機会を得た。

当時、積水ハウスや大和ハウス工業、ナショナル住宅産業（現在のパナソニックホームズ）といった有力なプレハブ住宅メーカーは、既に押しも押されもせぬ大企業になっていたが、東京大学工学部建築学科の卒業生でそうした企業に勤めている人は片手で数えられるほど例外的だった。学生たち

図H-1 〈セキスイハイムM1〉（提供：積水化学工業）

にとってもそれらは〝建築〟のうちに入っていなかったのだろう、だれ一人プレハブ住宅を話題にしている者はいなかった。そんな埒外の存在だったが、年表を作成してみると、プレハブ住宅は戦後の住宅政策の歴史とも深い関係があり、また住宅市場の変容の過程を映し出す鏡のような存在でもあり、予想外に膨らみのある研究対象だったのである。

研究室の大先輩で、〈セキスイハイムM1〉（図H－1）というユニット工法によるプレハブ住宅を大学院生時代に開発したことで知られていた大野勝彦さん（故人）と出会ったのは、ちょうど年表を作成していた頃である。当時大野さんは、大手プレハブ住宅メーカーの過去の開発関係図書やカタログといった貴重な資料が散逸してしまうことを恐れ、有力メーカー数社に声をかけ、そうした資料の収集整理を始めようとしていた。

そして、私はその作業のほぼすべてを任されることになった。その成果をまとめたのが私の修士論文であり、5年後にその修士論文にいろいろな肉付けを施して『工業化住宅・考――これからのプレハブ住宅』（学芸出版社、1987年、図H－2）を出版した。

図H-2　松村秀一監修『工業化住宅・考――これからのプレハブ住宅』（学芸出版社、1987年）

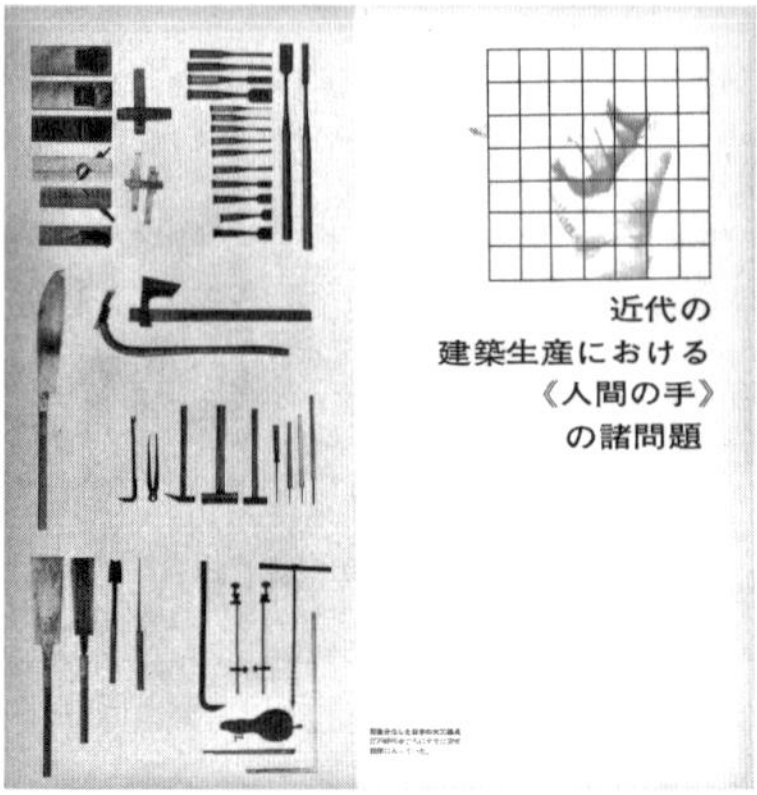

図H–3　渡辺保忠著「近代の建築生産における《人間の手》の諸問題」『工業化への道《NO. 1》——工業化への道の中で職人はどう変化して来たか』（不二サッシ、1962年）

その肉付けの中に、本書の主題である職人社会に関する部分があった。本書でも後ほど紹介する建築史家・渡辺保忠さん（故人）による大工の歴史的な変容に関する論文（図H－3）の紹介だった。一言で言えば、国家官僚組織の特権的な技術官僚であった大工が、全国どこでも一般の庶民が仕事を依頼できる町場の職人になってきた長い過程が描かれ、このように特権的な技術が広く一般に利用できる技術になっていくことこそが「工業化」の本質だと了解できる、優れた論文だった。

了見の狭かった私にこの論文を読むように薦めて下さったのは、私の指導教官だった内田祥哉先生である。この時、職人社会とプレハブ化や工業化といった技術が抜き差しならぬ関係にあることを学んだ。そして、このことが本書を著す遠因にもなっている。

『群居』で出会った職人社会

さて、修論を書いていた頃に話を戻そう。約20年に亘るプレハブ住宅の商品や技術、そして組織の変遷はとても興味深く、それをまとめたものはまだどこにも書かれておらず、だれも話していなかった。私のモチベーションは上がっていた。プレハブ住宅という、埒外だと思っていた研究対象が、「建築学」の世界では見えてこなかった生活者の日常や彼らの行動する市場と切っても切れない関係を持ち続けていたのだから。このことを知らない「建築学」の世界に対して、その内実を語って聞かせることは、僭越ながらとても面白いことのように思えた。私は博士課程に進学して研究を続けようと思った。

恐る恐る進学の許可をいただくべく伺った私に対して、内田先生は「それで何やるの?」と尋ねられた。「工業化をやろうと思っています」と答えると、「それはいいね。工業化ならこれも面白いよ、松村君」とおっしゃって渡してくださったのが、先の渡辺保忠さんの論文が載っている『工業化への道』という3冊1組の薄いパンフレットだったのである。

そんな経緯で博士課程に入ってみると、現在の「長期優良住宅」の大元になる建設省の「センチュリー・ハウジング・システム（部品を交換しながら1世紀は住める住宅）」の設計マニュアル

（図Ｈ－４）の作成チームに入れてもらったり、通産省の「可変住空間システム」（図Ｈ－５）の開発に加わってみたり、いくつものプロジェクトに掛持ちで関わることになった。先年まで行われていた「部品化木造住宅（現在のプレカット化やパネル化を既に含んでいた）」（図Ｈ－６）の開発成果や考え方、各地域での開発方法を、多くの工務店向けにまとめた書籍の原案をつくるチームの幹事役も引き受けた。どれも、建築学の中では教わっていないが、何やらそう埒外でもなさそうなプロジェクトだった。

一方で、それらの中ではかなり埒外かなと思えたのが、大野さんに呼ばれて参加した『群居』というワープロ雑誌の発刊である（図Ｈ－７）。当時、埒外と言うか、旧来の建築の中に納まることを良しとしない建築家の代表のように思えた大野さんと石山修

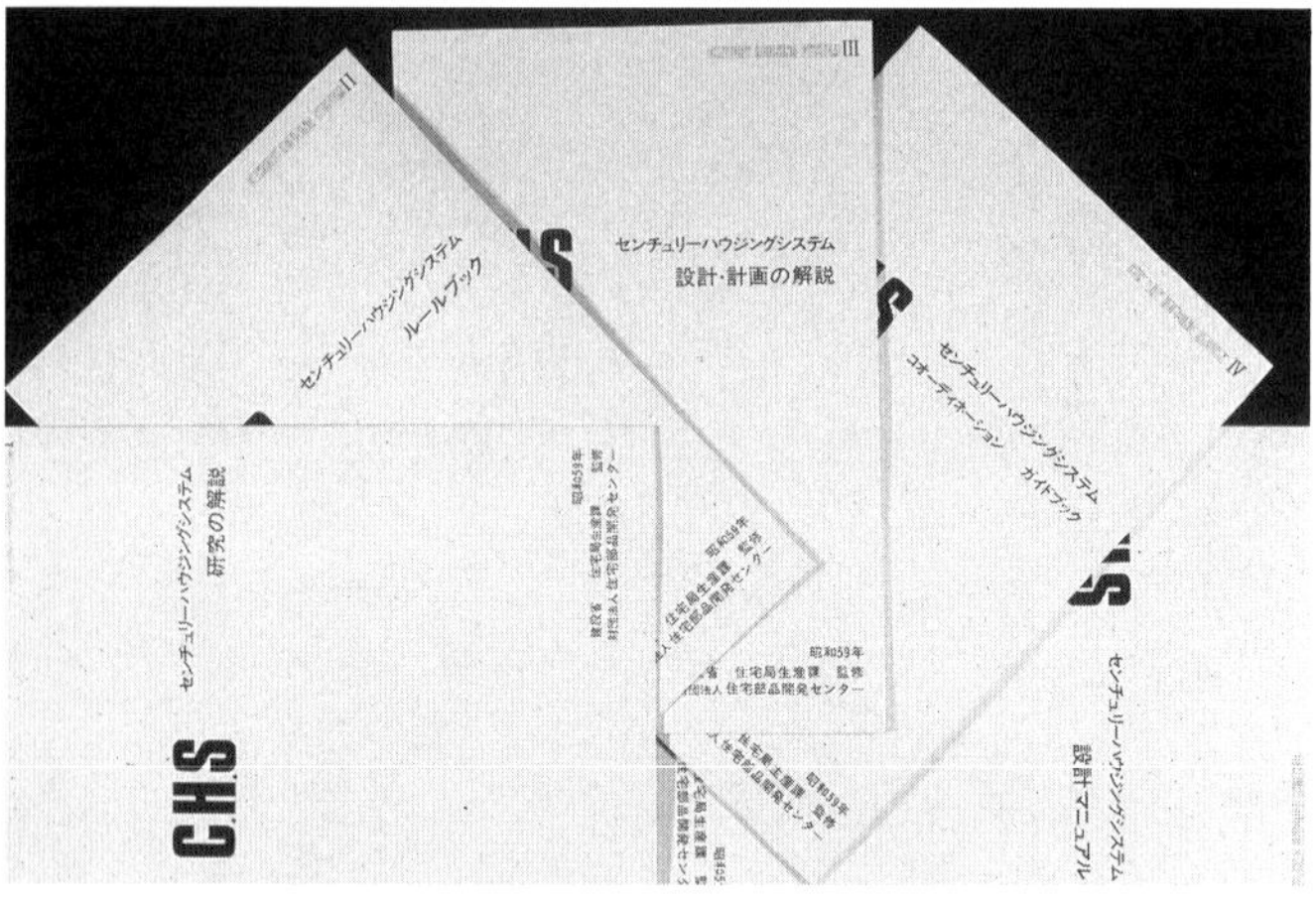

図H–4　CHS（センチュリーハウジングシステム）のマニュアル類（建設省住宅局生産課監修、（財）住宅部品開発センター、1984年）

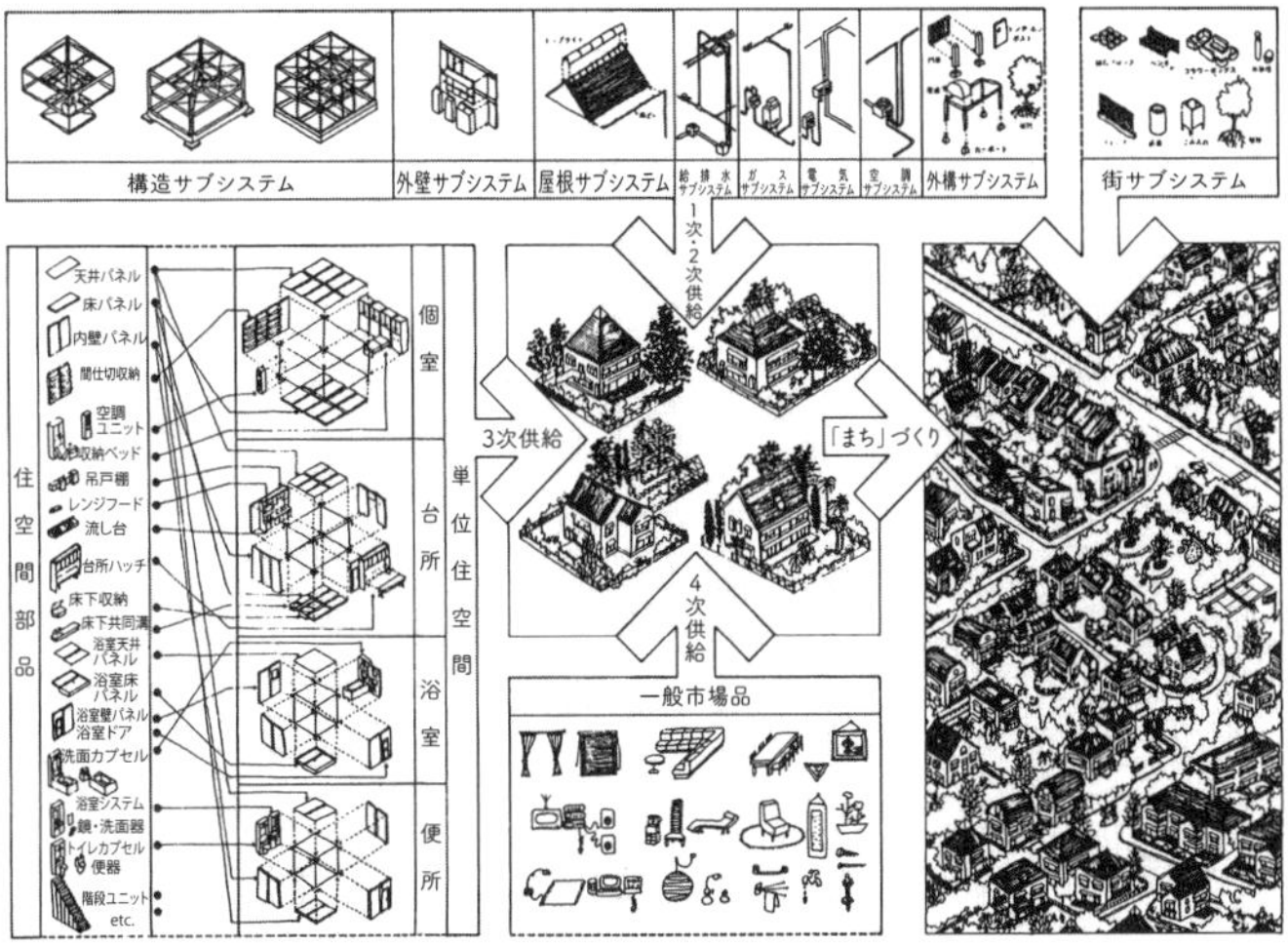

図H-5　可変住空間システム（出典：「昭和57年度新住宅開発プロジェクト研究開発委託事業研究成果報告書III」（通産省、1983年））

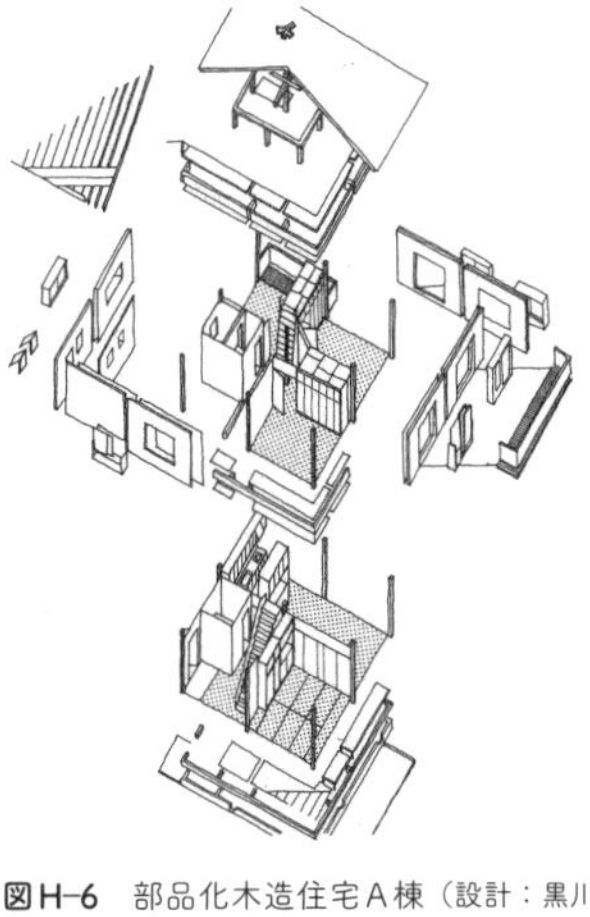

図H-6　部品化木造住宅A棟（設計：黒川哲郎他、図の出典：大野勝彦・松村秀一・遠藤和義「木造住宅の部品化に関する研究」、住宅建築研究所、研究No.8213、1983年）

図H-7　『群居』始まりの3号と終わりの3号

武さん、渡辺豊和さんは、後にタウンアーキテクト論を提唱した布野修司さんという媒介役を得て、全国の工務店と連帯して〝日本の住宅＝町づくり〟を根本から改革していこうという運動体「ハウジング・プロジェクト・ユニオン（ＨＰＵ）」を立ち上げていた。当初『群居』刊行はこのＨＰＵのメディアとして構想されたもので、その編集には調査や企画を業としていた野辺公一さん、美術評論家の高島直之さんたちが関わっていた。私は唯一の〝群居青年隊〟としてその仲間に入れてもらい、いくつかの特集をメインで担当し、「プロダクトとしての住宅」「つくらない建築の時代」といった連載頁も持たせてもらった。特集テーマなどを決める編集会議にもほぼすべて出ていたと思う。『群居』の特集テーマは実にさまざまだったが、埒外なものとして印象に残っているのは、住宅の「商品化」に対する批判的な構えの特集、セルフビルドに関しての肯定的な特集、そして職人や建設労働についての特集だった。特に職人に関する特集は、建築家が職人について論じる場面を見る機会が皆無であっただけに、またそれまでの私自身、建築をその根底から支えているのがだれかということを考える機会がなかっただけに、とても貴重なものになった。

特集の枠を超えれば、大野さんは『群居』におけるご自身の連載「日本の住宅＝町づくりの方法」において、職人社会をその中心に位置付けていたし、石山さんはセルフビルドの方法を追求する一方で、アメリカの大工を呼び寄せる実験や、後の〈伊豆の長八美術館〉での漆喰施工に繋がる左官屋さんたちとの連携を始めていた。石山さんには「オマエは『脱工業化』の時代にまだ『工業化』なんかやってんだって」などと独特の檄を飛ばされ、あの渡辺保忠さんの論文を想い起すと同時に、工業化と職人の関係を踏まえた大野さんの連載記事の中に答えを探しもした。

職人の仕事から〝面白さ〟が消えていく

『群居』刊行と時を同じくして、やはり大野さんの誘いで「住宅部品研究団」なるかなり埒外な組織の一員になり、雑誌『建築知識』での連載「住宅をつくる部品たち」の幹事役を担当する機会を持った。

『群居』が住宅とまちや消費社会や生産組織との関係について考える場だったとすれば、「住宅部品研究団」は住宅と部品について考える場であった。大野さんをリーダーに、町場の生産組織に通じていた藤澤好一さん、住宅部品に関する論文「製品化計画論」で博士号を取っていた岩下繁昭さん、内田研究室の先輩である安藤正雄さんが毎月交代で対象部品を決め、その工場へ取材に行くというものだった。私の役割は、記録係も兼ねてすべての工場にお伴すること、各部品の普及過程や製造工程について記事を書くこと、そして研究室の先輩・松留慎一郎さんと一緒にそれぞれの部品が住宅に取り付けられる施工現場を取材することだった。

ここでもまた、工業化と職人の関係について考えさせられることは多々あった。例えば木製建具と建具職人の関係。

かつて障子等の木製建具は、それを現場へ吊り込みに来る建具職人が自身の加工場で製作するものだった。それが高度経済成長期を経るとすっかり様変わりした。ほとんどの木製建具が、関東で言えば鹿沼のような〝集散地〟で大量に製作されるようになった(図H－8)。まちの建具職人は、この集散地から届いた建具を現場で吊り込むだけの人になったのだ。吊り込みの仕事はそう難しくはない。障子であれば、突き出たままで送られてきた上下の框を切り落とし、大工の手で仕上げられた現場の鴨居と敷居に嵌め込んでみて、よく滑るように敷居にテープの類を貼り、建具の方に最後のひと鉋をかける。そして、床面からの寸法を見て、適当な位置に把手のへこみを彫り込み、そこに金具を嵌める。これだけのことである。大野さんは「このような作業はかつて、職人が自分の製作した部品を現場に納める儀式だった」と言っていたが、自分が製作していない部品をただ吊り込むだけになっ

図H–8　鹿沼の建具産地での障子製作風景
(『建築知識』1983年6月号より、撮影：北田英治)

た場合、儀式の意味すらも失う。

キッチン部品や便器を取り付けに来る水道工事職人も、細かな作業内容は異なるが、結局同じようなものであった。簡単な取り付け作業だけで帰っていく。ほかの部品と職人の関係も大同小異。職人の仕事から〝面白さ〟が消えているのではないかと首を傾げたくなったし、この短い作業に対して日当が支払われることがあるという商習慣も不思議であった。そもそも部品ごとに取り付ける職人が違っているのも妙だった。

内田研究室出身の建築家でもあり、建築はカタログに載っているような規格化された部品の組み合わせでできるようになると予言した剣持昤《りょう》さん（故人）は、こうした取り付け作業を一つにまとめて担う「多能工」に未来の職人の姿を見ていたが、施工現場での職人の実態を見れば、剣持さんの描く未来像には理があると痛感せざるを得なかった。

「部分と全体」について立てた問い[*1]

結果的に12種類の部品の生産工程とそれに携わる関係者のお話を聞いたわけだが、これらも埒外からの思考を刺激するものだった。特に、毎回工場をひととおり見学した後で、開発担当者からこれからの開発の方向性についてお聞きするのが常だったが、大真面目な話がいささか滑稽だったりすることもあり、そのことがそれ以降の私の問題意識を形づくったものと自覚している。

何が滑稽に感じられたかというと、それは部品開発者の夢の話で、滑稽さの原因は、その夢に住宅や建築全体のあり方についての思考や感覚が欠如している点にあった。例えば、アルミサッシを開発する人が当時語った夢は「表面処理によって木に見えるアルミサッシを実現すること」、そして畳製造に関わる人の夢は「どんな形の床にも正六角形の畳を敷き詰めること」だった。それぞれ技術的には難しく、挑戦したくなる気持ちはよくわかるものの、それらの夢の部品を集めてみたところで、滑稽な住宅ができあがるだけのように思えた。

その時に私が立てた問いは、部品あるいはそれを生産する企業や技術者といういわば「部分」がその力をいかんなく発揮して、あるべき住宅や建築という「全体」、更にはその上位にある「地域」という生活の場の豊かさに貢献するには、どのような仕組みを構想し実装すれば良いのかということだった。

この「部分と全体」問題を考えるにあたって、私が注目したのは、20世紀の三巨人、バックミンスター・フラー（Richard Buckminster Fuller、1895－1983年）、チャールズ・イームズ（Charles Ormond Eames, Jr、1907－1978年）、ジャン・プルーヴェ（Jean Prouve、1901－1984年）、それぞれのものづくりへの姿勢と相互の違いだった。三巨人と称して決して間違いがないと言えるほどに、建築のものづくりに関してこの３人が提示した方法論は大きな影響力を持つべきものだったが、私がこの３人について考え始めた１９８０年代末の日本の建築界では彼らは完全に過去の人であり、話題にのぼることは皆無に近かった。今でこそ３人とも、一般メディアで取り上げられる機会も少なくない存在だが、かつては埒外の人たちだったのである。

フラーについては、特に第二次世界大戦前から終戦直後にかけての〈ダイマキシオン居住機械（図Ｈ－９）〉を最終成果品とする、連続した複数の開発行為が特徴的だった。１９４７年に〈ダイマキシオン居住機械〉として具体化されたフラーの全体構想は、少しばかり形が変わってはいたが、スタート地点には１９２０年代末に構想を発表した〈ダイマキシオン・ハウス〉があり、それが開発すべき「全体」

図H–9　〈ダイマキシオン居住機械〉。ヘンリー・フォード博物館に展示されている

を示していた。フラーにとっての「部分」は、この具体的な「全体」を分解したものであった。例えば１９３０年代に開発された世界初の浴室ユニット〈ダイマキシオン浴室〉は、〈ダイマキシオン・ハウス〉の構想に含まれたものであったし、同じく１９３０年代に開発された〈ダイマキシオン自動車〉は、〈ダイマキシオン・ハウス〉をばらした部品を世界中に運ぶための輸送機関であった。フラーにとって理想の「全体」は、それが理想的なものであるからこそ大量に生産されるべきものであり、「部分」は「全体」のためにのみあり、当然ながら大量生産されることが想定された。この「全体」ありきのものづくりモデルを、私は「フラー・モデル」と呼ぶことにした。

　チャールズ・イームズは、一回り上のフラーに憧れ、彼を尊敬しながらも、その有名な〈イームズ自

図H–10　イームズ自邸（© c ercwttmn「Eames House0」2004　https://commons.wikimedia.org/wiki/File:Eames_House0.jpg、CC：表示 2.0 一般ライセンスで公開 https://creativecommons.org/licenses/by/2.0/deed.ja）

邸〉（1949年）においては全く異なるものづくりの姿勢を示した（図H‐10）。当時のアメリカの市場で既に売られていた工業製品を、あるべき「部分」として選び出し、それらをアセンブルすることで建築の「全体」を築いたのである。明らかに「部分」ありきのものづくりモデルだった。私はこれを「イームズ・モデル」と呼ぶことにした。

実は、1970年代に内田先生が主唱された「建築生産のオープンシステム」は、この「イームズ・モデル」と同種のものづくりを想定していた。個々の建築の「全体」が考えられる前から、選ばれアセンブルされる「部分」は市場に存在しているという想定であり、多様な「部分」が存在し、その中から自分の描く「全体」像に相応しい「部分」を自由に選び出すことができるという筋立てであった。しかし、それぞれの人が描く建築という「全体」に相応しい「部分」が市場に存在するという保証はない。このモデルでは、先述した「夢の部品」の集積が滑稽な住宅にしかならないという不安を解消することができない。

ではフラー・モデルが良いのかと言えば、これはある「全体」を分解した「部分」しかないという前提になるため、そうした「部分」をどう組み合わせようが、同じ「全体」しかできないことになる。建築の「全体」そのものが繰り返し生産される対象になり、同じ建築ばかりができあがる。ここでは「全体」に貢献する「部分」の存在は確実なものとして保証されるが、「全体」

の多様性は保証されない。

「部分と全体」を往来する21世紀のクラフトマンシップ

「全体」ありきの「フラー・モデル」。「部分」ありきの「イームズ・モデル」。どっちもどっちということになってしまう主因は、工業化社会の中では「全体」の構想者と「部分」の生産者とが分かれているというところにある。「イームズ・モデル」では、その二つは市場で出会うという、優れて20世紀的なモデルになっているわけだが、分業の欠点を補うべく市場そのものに手を出すことは困難に思える。では一体どうすれば良いのかと悩んでいた私の目を見開かせてくれたのが、第三のモデル、「プルーヴェ・モデル」だった。

「プルーヴェ・モデル」については6章（172頁）で詳述するのでここでは簡潔に済ませるが、ものづくりの職人として修業し、ものづくりの職人として活動したジャン・プルーヴェ故の独特なモデルだった。それは市場を挟んだ分業などとは無縁のモデルである。「全体」を構想するのもプルーヴェであれば、「部分」を生産するのもプルーヴェなのである。実際、プルーヴェは自分の工場を持ち、そこで考えてはつくり、つくっては考える日々を送った（図H－11）。プルーヴェ自身の中で「全体」と「部分」は往来を繰り返す。20世紀の工業技術を用いながらも、分業を前提としない19世紀的なクラフトマンシップを受継いだこのモデルは、21世紀の先端技術を用いた変種変量生産がその一般化を支え得ると考えられ、その点でもむしろこれから有望なモデルである。

ここに来て、再び話が職人のあり方に戻った。先端的な生産手段が手元にあり、建築の「全体」を考えもする、そんなジャン・プルーヴェのような職人像が頭に浮かぶ。

「つくらない建築の時代」へ

さて、『群居』での私の連載は、「プロダクトとしての住宅」（1992年12月発行第31号～1998年1月発行第44号）が全14回で終わり、1998年5月発行の第45号からは「つくらない建築の時代」（全5回）に変わった。端的に言えば、主要な関心事がフローからストックに転じたのである。

このところ、空き家に関する報道をよく目にする。まるで

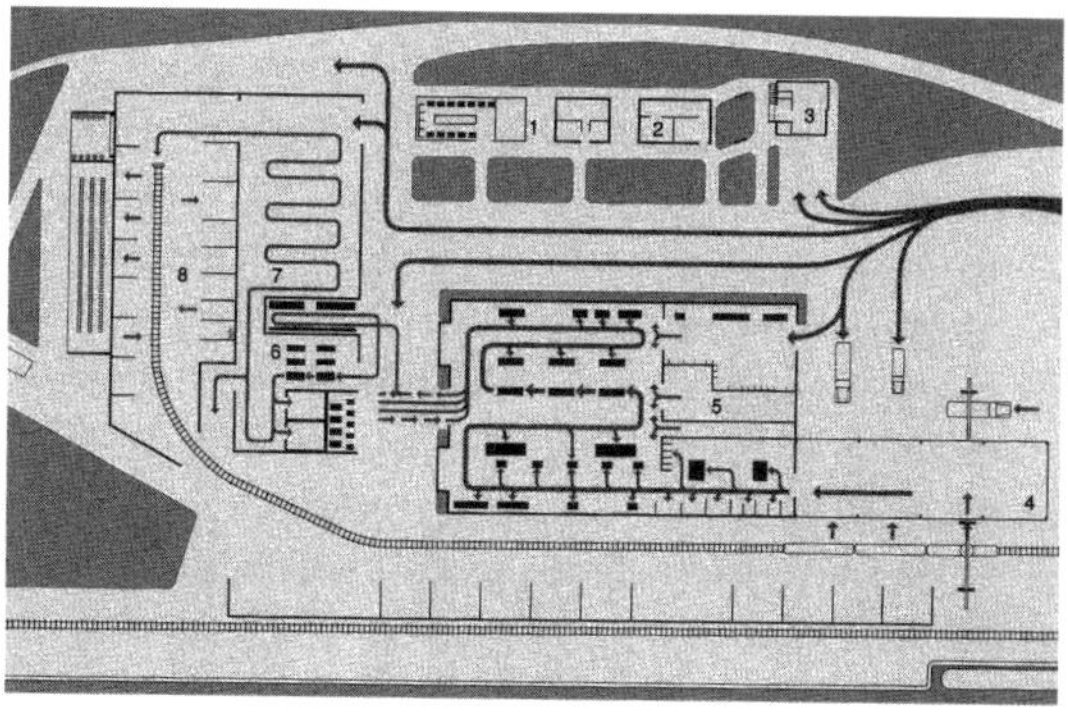

図H-11　ジャン・プルーヴェの理想の創作環境だったマクセヴィル工場のレイアウト図（出典：『Glass & Architecture ガラス Spring1996』「特集 JEAN PROUVE①――JEAN PROUVE もう一つの建築家像」（旭硝子㈱、1996年））

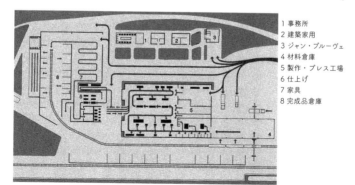

今に始まったことのように空き家がどうしたこうしたと喧しいが、30年以上前のバブル最盛期（1988年）には、既に住宅総戸数4200万が総世帯数3780万を420万も上回っており、空き家の戸数も394万に達していた（総務省統計局「住宅・土地統計調査」）。それでも当時は、大量の空き家の存在なんてどこ吹く風といった体で、今日の約2倍に当たる年間170万弱の住宅を平気で新築していたのだから、私が違和感を持つのも不思議な状況ではなかった。「つくらない建築の時代」という考えはこの頃に芽生え始めていた。

そういう転換期であった1986年から東京大学で研究室を持つことになり、新築の技術、殊に日本の工業化構法に関心を持つ中国や韓国、台湾、マレーシア、ブラジルといった地域からの留学生が次々に私の研究室にやってきた。しかし、もうかつての勢いで新築する必要のないこの国で、なおも新築技術の研究をすることに大きな意義を見出すのは難しいと考えていた。自ずと研究上の関心は、かつて工業化構法で建設した住宅や住宅地が、20〜30年を経過してどういう状態になっているのかの追跡調査に移っていった。

腰を据えたのは1990年代半ば。フランス、ドイツ、デンマーク、アメリカの研究者や建築家との国際共同研究が始まりだった。彼の地ではとっくに新築が減少し、既存建物に手を加えるリノベーションの市場が拡大していた。ところが、それを対象にした研究例が稀少である点では日本と変わるところがなかった。だからこそ共同研究が成り立ったのである。いわば埒外での国際共同研究だ。

ここでその内容まで紹介する紙幅はない。ご関心の向きには『団地再生――甦る欧米の集合住宅』（松村秀一著、彰国社、２００１年）など、公表された研究成果をご覧いただければと思う。

この研究を進めていた折に知りたいと思ったのは、対象が新築から既存建築のリノベーションに変わるなかで、ものづくりに関わる人々に求められる能力はどう変わったのかということだった。どの国においてもそのことを尋ねてみた。最も印象深く、しかも多くの方に共通した答えは、住まう人たちとのコミュニケーションの能力が求められるようになったということである。このことは、これからの職人に求められる能力として私の記憶にはっきりと刻まれた。

現場を担う職人のチームについても興味深いトライアルがあった。デンマークでのトライアルだった。既存建築のリノベーションでは、個々の職種の工事量が新築よりも小さくなるのが一般的だが、一方で必要な職種の数は変わらない。勢い、細切れの作業が狭い空間に入れ代わり立ち代わり入ってくることになり、とても効率が悪い。そこでそのトライアルでは、狭い空間に代わる代わる入ってくる複数の職種にチームを組ませ、例えば大工仕事の時には大工がリーダーでほかの職種は手元のように振舞い、左官仕事の時はリーダーが左官になって大工などの他職種は手元になるというように、臨機応変に役割を変えるやり方を採用し、効果を上げたとのことであった。

「利用の構想力」、そして「場の産業」

その後は、コンバージョンの研究やリノベーション向けのインフィル部品の開発などに多くの方々とともに取り組んだが、新築の場合とは異なり、多くの既存建築のリノベーションやそれによる空き床の活用では、その空間の利用者による構想こそが原動力になるということを学んだ。新築主体の時代のように、生産者が動けば動くという世界ではなく、利用者が動かなければ動かない世界だということである。

全く異なる二つの世界。このことを多くの人と共有するには、明瞭な標語のようなものが大事だと思った。21世紀に入って私が使い始めたのは、「利用の構想力」という言葉と、「『箱の産業』から『場の産業』へ」という言葉。これらの言葉で表現したかったのは、産業形態を転換する必要性と、その転換を新しい人たちの手によって起こすこと、つまりは「利用者＝生活者」の主体的で組織的な参加が必須だということである。

この、いわば埒外と建築界を結び付ける考え方は、本書の内容にも大きく影響している。後述する生活者自身が建築のものづくりの現場に関わることの豊かさ、あるいはそのようにものづくりの世界をひらいていくこと自体の可能性は、未来の職人社会についての私の夢想の中核に位置している。

そして、これまで建築の埒外だった「生活者」を主役の一人として招き入れることは、人の生き方という深遠なテーマを引き取ることにも繋がる。そのことに気付いた時、むしろ私ではなく、従来の建築こそが埒外のように思えてきた。

職人社会を建築のど真ん中に

以上のように私が「利用の構想力」や「場の産業」等と埒外なことを言い出す少し前のことだったかと思うが、私の所属する建築構造学第一講座（旧小講座名）の3代前の教授、つまりは内田先生の先代教授でいらした松下清夫先生（1910－2003年）が、珍しく建築学科の「退職教授を招く会」に参加されたことがある。松下先生は私の学生時代には既に定年退官されていたから、直接お話する機会は全くなかった。もちろん松下先生からまとまったお話を聞く機会もなかった。だから、退職教授の方々のある程度まとまったお話を聞くことのできるこの「退職教授を招く会」は、私にとって絶好の機会だったのだ。

その松下先生のお話は日本の建築職人の急激な減少と高齢化を憂う内容で、先生は「一体これから日本の建築はどうなるのか、それを考えると憂鬱になる」といった趣旨の一言で話を締め括られた。建築構造の研究者として、また設計者としても活躍され、東京大学では一般構造や各部構造を教えられた松下先生が、ものとしての建築の話ではなく、いわば建築学にとって埒外だと思っていた職人の世界について思い悩んでおられるという話をされたことに感じ入った。と同時に、職人社会の未来こそ、最後まで考え続けなければならない重大なテーマであるという確信を得た。

私自身が退職する年になり、稚拙ながら書物を認めるとすれば、このテーマしかあり得ない。松下先生のお話を聞いて以来胸に秘めてきた思いである。本書を書き上げたことで、それを形にすることができたのは幸いである。ただし、このテーマの大きさからすれば、本書の存在は小さく、ある種の始まりに過ぎない。

ものづくりに関わる人々の物語は、もはや埒外ではなく、建築のど真ん中に位置付けられなければならない。

＊1　一部、拙著「住宅部品研究団1983〜1984」『建築技術762号（2013年7月号）』（株式会社建築技術）から加筆引用している。

目次

第2部　新たなものづくり人たち ——自力でひらく仕事の可能性　59

第1部

千年続く〝職人社会〟とその課題

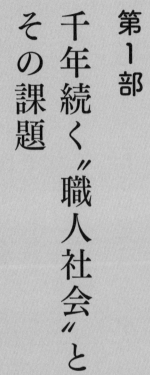

1章

いつの時代も埒外が新しい価値をつくる

1　ものづくりの文化はいつだって多中心

ひらかれた現代——ミシュランシェフとコンビニスイーツの共鳴

年末年始の特番の中に、3大コンビニの加工食品を、「何年連続ミシュランいくつ星」というレベルの料理人や菓子職人が厳しく審査するというものがあった。コンビニ側は商品開発の責任者と担当者が数名スタジオに来ていて、同じスタジオで自分たちの商品を試食する〝ミシュランいくつ星〟レベルの料理人や菓子職人の様子を、固唾をのんで見守る。評価を下す専門家は10名ほど。彼らが合格あるいは不合格の判定の札を上げたその瞬間、コンビニの人々は歓喜の雄叫びを上げたり、悔しさに泣き崩れたりする。初めて観たが、人気の企画なのか半年に1度やっているらしい。確かに、コンビニの方々のこの番組にかける気持ちが画面から飛び出してきそうな勢いで、ついつい最後まで観てしまった。私がこの特番に興味を持った理由はもう一つある。確かに「食」という点では同じだが、コンビニと高級料理店のシェフやパティシエたちがそもそも同じ目で評価できるものをつくっているとは思っても見なかった。ところが、この番組での評価のコメントや質疑応答を観ていると、どうやら両者は同じ世界に属しているのだという誠に意外な認識に至った。そう、同じ食文化の世界の「ものづくり人」たちなのだ。その新鮮な発見が時を忘れさせてくれたのだと思う。

そう言えば、高校時代に「それはおかしいやろ」と思った先生の一言を思い出す。同級生たちがそれなりに考え、工夫した文化祭の出し物や展示を見た担任の先生が「君たちの『文化』は文化住宅の『文化』やなあ」とおっしゃったのだ。関西で文化住宅と言えば、決して高級とは言え

図1-1　文化住宅

図1-2　旧山邑邸（設計：フランク・ロイド・ライト）（© c663highland「Yamamura house07 n4272」2008　https://commons. wikimedia. org/wiki/File:Yamamura_house07n4272.jpg　CC: 表示 - 継承 3.0 非移植ライセンスで公開　https://creativecommons.org/licenses/by-sa/3.0/deed.ja）

ない庶民の住宅のことを指す（図1－1）。そして先生の頭には、〈桂離宮〉やフランク・ロイド・ライト設計の〈旧山邑邸〉（図1－2）のようないわゆる「文化財」の「文化」があったのだろう。しかし、高級なものだけが「文化」というのはおかしいやろ。どっちも「住文化」やないか。どっちにもものづくり人はおるやろ。そう思ったのである。

桂離宮と文化住宅を繋ぐもの

コンビニの商品開発者と高級料理店の料理人が同じ「食文化」世界のものづくり人だと気付いた時ほどの驚きを誘いはしないだろうが、「住文化」世界におけるものづくり人に関して言えば、庶民の住宅の工事に関わる町場大工もいれば、文化財クラスの建物工事を手掛ける宮大工や数寄屋大工もいる。一般の読者の方々は驚くどころか、むしろ両方とも同じ大工で区別がつかないと言われるかもしれない。けれども私のような建築の世界に属する者にとって、町場大工と宮大工、町場大工と数寄屋大工は、何百年と元を辿れば同じかもしれないが、今は全く異なる種類である。

〝プロフェッショナル〟的なテレビ番組に取り上げられるのは、〈法隆寺〉や〈薬師寺〉の宮大工だったり、坪当たりの工事費が数百万円（一般的な木造住宅に比べ一桁多い）の高級数寄屋を手掛ける数寄屋大工だったりするが、数は町場大工の方が圧倒的に多いし、私たちの日常的な住文化に直接関わってくるのは町場大工の方である。双方とも同じく住文化を支えるものづくり人というわけだ。ただ、世間の扱いには異なるところがある。例えば、ユネスコ無形文化遺産。2020年12月17日に文化庁から発表された新たなユネスコ無形文化遺産は住文化・建築文化関連だが、「伝統建築工匠の技：木造建造物を受け継ぐための伝統技術」というものだった。具体的には表1－1にあるように、文化財保護法に基づく国の選定保存技術17件（14団体）だけが記載された対象である。とても限定的である。文化財ではない文化住宅を含む日本の住文化に深く関わっているものづくり人、町場大工は一人として対象ではない。

実は、私自身はこの6年ほどの間、日本の和室をユネスコ無形文化遺産にできないものかと考え行動する研究会を運営してきた。読者の皆さんも、日本の住宅から和室が消えていきつつあると聞けば、確かにあれがなくなっては困ると気付かれると思う。今のままでは、世界でこの国にしかない和室が絶滅してしまうかもしれない。そう考えると何かしなければという気持ちになった。同じ気持ちになった人が40名ほど集まって研究会を立ち上げた。『和室学――世界で日本にしかない空間』（松村秀一・服部岑生編著、平凡社、2020年）や『和室礼讃――「ふるまい」の空間学』（松村秀一ほか編／日本建築和室の世界遺産的価値研究会著、晶文社、2022年）といった本も出版した。ユネスコ無形文化遺産への道のりはまだまだといったところだが、私たちの言う和室は

表1-1 伝統建築工匠の技：木造建築物を受け継ぐための伝統技術（出典：文化庁資料）

	選定保存技術	保存団体
1	建造物修理	（公財）文化財建造物保存技術協会
2	建造物木工	（公財）文化財建造物保存技術協会 （一社）日本伝統建築技術保存会
3	檜皮葺《ひわだぶき》・柿葺《こけらぶき》	（公社）全国社寺等屋根工事技術保存会
4	茅葺《かやぶき》	
5	檜皮《ひわだ》採取	
6	屋根板製作	
7	茅《かや》採取	（一社）日本茅葺き文化協会
8	建造物装飾	（一社）社寺建造物美術保存技術協会
9	建造物彩色《さいしき》	（公財）日光社寺文化財保存会
10	建造物漆塗《うるしぬり》	
11	屋根瓦葺（本瓦葺《ほんがわらぶき》）	（一社）日本伝統瓦技術保存会
12	左官（日本壁）	全国文化財壁技術保存会
13	建具製作	（一財）全国伝統建具技術保存会
14	畳製作	文化財畳保存会
15	装潢《そうこう》修理	（一社）国宝修理装潢師連盟
16	日本産漆生産・精製	日本文化財漆協会 日本うるし掻き技術保存会
17	縁付金箔《えんつけきんぱく》製造	金沢金箔伝統技術保存会

※文化財保護法に基づく国の選定保存技術17件（14団体）

「伝統工匠の技」とは一線を画す。対象を伝統建築の中の高級な和室に限ることなく、普通の日本人の生活文化が育まれ展開される空間として、日本中に隈なく広がった生産体系全体を評価してほしいのである。普通の日本人の生活空間として国際的に評価されることで、和室の次なる展開に結び付けば幸いと考えている。和室は〈桂離宮〉や〈旧山邑邸〉にもあるが、文化住宅にだってある。そこが重要だ。

2 日本の建築職人の世界 ——〝面白さ〟を伝播させた画期的な仕組み

慈照寺東求堂同仁斎から現代まで続く文化の基層

和室の定義自体は議論のあるところだが、仮に畳が敷き詰められ、水平方向に天井が張られ、障子や襖といった建具で仕切られている部屋だとすると、それは明治時代以前から一般庶民の住宅にあったわけではない。そのような部屋の最初期のものは、銀閣寺とも呼ばれる〈慈照寺〉の東求堂という建物の一角にある同仁斎。これは4畳半の広さだが、室町幕府第8代将軍だった足利義政が隠居後につくった部屋である。まさしく特権階級の人物が使う部屋だった。これが15世紀末のこと。そして遅くともその約500年後の昭和時代には多くの一般庶民の住宅に普通に見出せる部屋になっており、人々の立ち居振る舞いやさまざまな生活行為のあり方を決定する空間になっていたのだから、大したものである。何が大したものかと言えば、この和室を成り立たせる建築職人が日本の津々浦々に存在する、あるいは津々浦々に木造の軸組や障子や畳といった部品を行き渡らせる仕組みが整っていたことがである。

和室の骨格としての柱、梁、長押はもちろんのこと、敷居や鴨居、天井といった木部をつくる大工（一般的には町場大工）、襖や障子などの建具をつくる建具職と経師《きょうじ》や和紙漉き職、畳をつくる畳職、畳表をつくる藺草《いぐさ》農家、畳縁をつくる織物屋、土壁部分をつくる左官、欄間をつくる彫師といった建築職人たち。こうした建築職人たちがほとんどすべての日本の住宅に対応できる形で育成され、継承され、展開してきた幾世代にも亘る過程に想いを馳せる時、それは驚嘆に値することとして胸に迫る。この過程の上に立つ建築職人の世界こそ、私たちの文化の基層と言ってよい。

擦り減ってしまった建築職人の世界

本書で考えようとしているのは、この私たちの文化の基層、建築職人の世界の未来についてである。先ほど日本の住宅から和室が消えつつあることに言及したが、実はそれを支える建築職人の世界の衰退ぶりにも看過できないものがある。どちらが鶏でどちらが卵かはわからないが、和室だけに関わる畳関係の職人だけではなく、和室に限らず活躍する町場大工や左官のような建築職人の世界も衰退しつつあると言わざるを得ない。具体的には、多くの種類の職人の人数とその構成が、明らかな減少傾向と高齢化を示しているのである。このままでは、1500年もかかって建築職人の世界が私たちの文化の基層になってきた感動的な過程のすべてが無に帰してしまう。何とかならないものか。

このことについて多くの関係者がただ手をこまねいてきたわけではないが、残念なことに、今のところそう誤解されても仕方ないほどに芳しい結果が出ていない。私自身もそうした関係者の一人である。例えば、大工の減少や高齢化に関する対策会議のようなものには、30年以上に亘っていくつも出席し、発言もしてきた。でも結果が出ていないのである。

新しいタイプのものづくり人への期待

これまで議論してきたことを再度拡声器で叫んでみたところで結果は一緒だと思う。今まではまったく違う角度からこの状況を俯瞰し、変化を呼び込まなければいけない。そうした観点から私が今注目しているのは、昔ながらの建築職人の世界に新しいタイプのものづくり人が入ってくることの可能性。例えば女性。女性の現場監督は随分増えてきたようだが、女性の大工、左官、畳職、建具職などを見かける機会は稀少である。例えば素人。専門化が進むなかでプロとアマを明確に区分けする20世紀的な慣行に従えば、素人が職人の仕事場に出入りするなどもってのほかということになってしまうが、趣味としてのＤＩＹの領域と人気は拡大を続けており、素人のポテンシャルは明らかに上がっている。そして例えば外国人。コロナ禍で動きがほぼ止まってしまったままだが、２０１９年４月に新設され建設業にも適用されることになった「特定技能２号」は事実上在留期限がなく、家族帯同も認められるという画期的なもので、外国から日本の建築職人の世界に入ろうという方々の人生設計の見通しが格段に立てやすくなることが期待できる。

女性、素人、外国人。おそらく年齢層もさまざまであろうこれらの人々が、私たちの文化の基層である建築職人の世界、あるいは従来の職人とはかなり異なるので〝ものづくりコミュニティ〟と呼んだ方が良いかもしれないが、その世界をこれまでになく多様で豊かなものにしてくれる。そんな未来に期待したいし、ものづくりの未来の鍵を握る彼らの可能性について具体的に考えていきたいと思う。私の専門性から、話は建築関係のものづくりに引き付けたものになるだろうが、ものづくりコミュニティが文化の基層になっていることは何も建築に限ったことではないだろう。きっと同じような思考が、ほかの分野でも成立するのだろうと期待しつつ筆を進めていきたい。

2章 職人はどこへ行った？

1 建築業の仕事としての可能性

答えは自分でつくる——ミース・ファン・デル・ローエの教え

モダニズム建築の巨匠ミース・ファン・デル・ローエ（Ludwig Mies van der Rohe、1886-

1969年)。20世紀後半の世界の建築と都市は、多かれ少なかれミースの提唱・実践した「ユニバーサル・スペース(均質空間と訳されることがある)」に影響を受けている。〈バルセロナ・パヴィリオン〉(1929年、バルセロナ万博のドイツ館)、〈ファンズワース邸〉(1950年、アメリカ)や〈シーグラム・ビルディング〉(1958年、アメリカ)などは20世紀を代表する建築に数えられるし、ミースのデザインによる〈バルセロナ・チェア〉は日本のオフィス・ビルのラウンジでもしばしば見かける。〝Less is more(少ない方が豊かである)〟や〝God is in the detail(神は細部に宿る)〟という彼の言葉も有名だ。

そのミースは、ナチスの台頭著しい1933年、母国ドイツを離れアメリカに亡命した。その後ドイツに残った知り合いに依頼して、最低限自分のそばに置い

図2-1 イリノイ工科大学建築学科があったミース・ファン・デル・ローエ設計のクラウン・ホール(1956年)

ておきたい本を300冊ほどアメリカに送らせたという噂がある。私はこの話をイリノイ工科大学（図2―1）でミースの教え子だった高山正実さん（故人）から伺った。当時ミースが大学に来るのは2週間に一度程度で、葉巻を吸い終わるまでの時間だけ大学に滞在したという。高山さんをはじめ建築の学生たちには、めったに会えないこのカリスマに直接聞いてみたいことが山ほどあったはずだ。ある時学生の一人が「先生は厳選した300冊の蔵書のリストをつくり、ドイツの知り合いの方にそのリストにあるものをアメリカに送るように頼んだとお聞きしましたが、一体どんな本を送ってもらったのですか？　是非お教えください」と質問したそうだ。ミースは葉巻の煙をくゆらせながらガハハと笑い、「その質問には答えない。なぜならその300冊は私にとって意味のある300冊であって、君にとって意味のある300冊ではないからだ」と言い放って、ゆっくりと立ち去ったという。戦後の日本において、学校では先生の言うことを聞いて真面目に勉強するものだと教え込まれ、実際早稲田大学まではそうして育ってきた高山さんだったが、イリノイでこのカリスマの一言を聞いて「勉強は自分で求め、自分で探し、自分でするものなのだ」と、まさに目から鱗だったと話してくださった。

仕事についての想像力が試される時

私としてはとっておきのミースの話だったので、ついつい書いてしまったが、厚顔無恥ついでに「私にとって意味のある本であって、君にとって意味のある本ではない」本について書かせていただく。今から40年程前の1980年代前半、私が大学院生だった時期に読んで刺激を受けた本、その中でも瞬時に頭に浮かぶ2冊について。

1冊はスタッズ・ターケルの大著『仕事(ワーキング)!』(中山容ほか訳、晶文社、1983年)。133人の実在の、多くは無名の人々に対するロング・インタビューだけで構成された実にユニークな本である。ターケルが、新聞配達、電話交換手、消防士、売春婦、政府広報担当官など115もの職業の人々に、その仕事についての本音を聞き出す。人類社会を理解するとはこういうことだと強く認識させる、それこそ〝大仕事!〟である。イントロダクションの「仕事・ふつうの人のふつう以上の夢」に次のようなくだりがある。

「われわれに、すべての人を食べさせ、着せ、住まわせる能力はある。これはまちがいない。問題は、人がたえず何かに専念していて、それが現実と接触しているようにするために、どれだけの方法が発見できるかということだ」。たしか、われわれの想像力が、いまだかつて十分に試されたことはなかった。それは確かだ。

若い私は、建築という分野には「人がたえず何かに専念していて、それが現実と接触しているようにするため」の方法がさまざまに用意されているように思えたし、それがまだ「建築学」の世界において可視化・言語化されておらず、可能性としてしか存在していないのならば、自分の想像力を試してみるのに相応しい分野のように思えて、わくわくもした。

広がり続けた建築職人の世界

そして、もう1冊は当時の指導教官、内田祥哉先生から「松村君、これ持ってる？　持ってなかったら上げる」と言われ、遠慮なく頂戴した非売品の1冊というか、3冊の冊子が薄い箱型紙ケースに入ってセットになった『工業化への道』（不二サッシ、1962年）である（6頁）。その時点で既に20年も前の本で残部も少ない貴重本のように思われたが、私自身、1980年代前半の「脱工業化」の時代に「工業化」をテーマに掲げていた少々珍しい学生だったので、内田先生は今後この「工業化への道」を渡すべき学生も現れまいとお考えになったのか、幸いにして直接頂戴できた。そしてこの「幸い」感は、これら3冊の薄い冊子を読んだ後に大きく広がった。内田先生ご自身の論考だけでなく、建築家で東京大学生産技術研究所教授の池辺陽さん、建築評論家の藤井正一郎さん、建築史家で早稲田大学教授の渡辺保忠さんといった、1962年には30歳代後半から40歳代前半の新進気鋭だった論者たちが、まさに時代の波頭にあったテーマ「建築生産の工業化」に正面から向き合って書き上げた論考の連続だった。

なかでも一見「工業化」などと無関係な建築史家の渡辺保忠さんがここに書かれた歴史観は、私の心に強く響いた。何の歴史観かと言えば、「はじめに」でご紹介したとおり、まさに建築職人の世界がじわじわと広がり、日本の建築文化の基層を厚くし、すべての庶民が高度な建築技術を享受できる状態にしてきたという歴史観であり、このことこそが今日（1960年頃のこと）話題になる「工業化」と直接に関わると渡辺は言うのだった。

2 千年をかけて万民の手に届けられた職人社会の危機

大工という職能――原始から古代に飛躍した生産の仕組み

現代に繋がる大工などのものづくり人の起源を語るのに、渡辺は原始から古代への飛躍を可能にしたのは何か、という問いから始める。

読者の皆様もよくご存じの〈法隆寺〉や〈唐招提寺〉に代表される古代の建築群は、それ以前の〈登呂遺跡〉に見られる住居や倉庫といった原始の建築と比較すると、より高度な技術を駆使してつくられたものだという印象を与える。しかし、渡辺は次のように言う。〈法隆寺金堂〉の構造体をつくるために必要とした木工技術にせよ、基壇や礎石を築くのに必要であった石工技術や塔の相輪の鋳造技術、彫金技術にせよ、瓦をつくるために必要であった高温度焼成の技術にせよ、すべて原始末期に準備されていたものに依存できる性格の技術だった。古代建築の飛躍と発

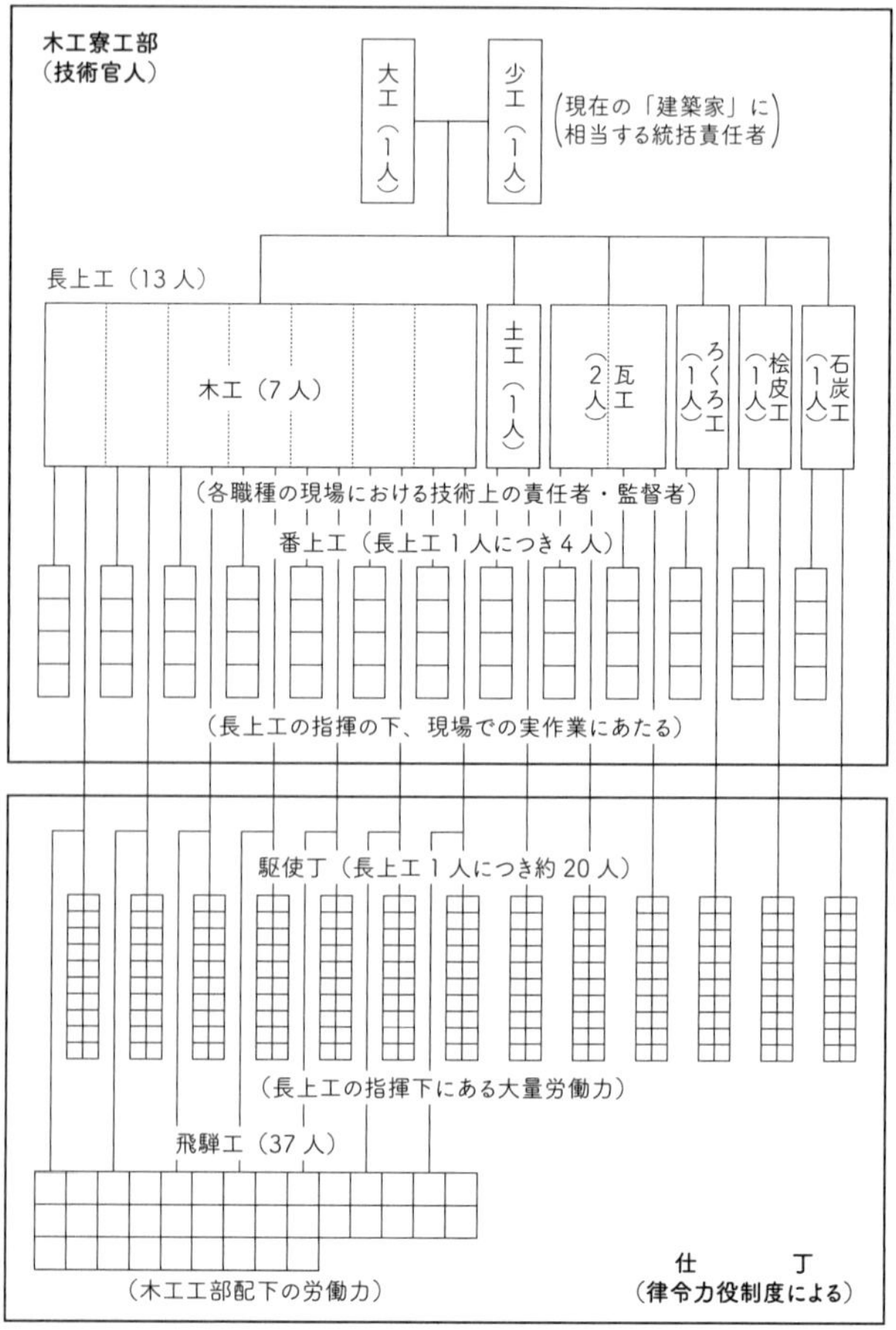

図2-2　古代の建築官僚組織（「延喜式」：渡辺保忠の記述に基づき松村が作成）

展は、こうした要素生産技術の進歩によったのではなく、それらを建築に結集し統合する生産の仕組みの確立によったと考えるのが適当で、その背景には、古代国家の権力によって集めることができるようになった大規模な民衆の労働力と、それを指導しながら効率良く組織化する能力を有した指導工人の官僚組織の成立があったと。

官僚組織にただ一人いた大工

この古代の官僚組織における建設技術者のトップの役職名こそが「大工」だった。*[1] 平安時代中期（10世紀）に編纂された律令の施行細則「延喜式」では、宮廷の建設工事を担う木工寮工部は、統括責任者である大工1名とそれを補佐する次席の少工1名の下に、各工事を担当する木工、土工、瓦工、ろくろ工、桧皮工、石灰工等の技術責任者である長上工13名、専門技術者である番上工数十名、更に彼らの指揮の下で働く駆使丁《くしてい》、飛騨工といった労働者300名ほどで構成されていた。つまり、この時点では大工は官僚組織である木工寮工部にただ一人だったのである（図2－2）。

官僚から雇工へ、そして町場へ――技術ののれん分け

平安末期には、いわば国家事業としての造営の建設費を国司や貴族が負担するようになり、官僚組織の技術者もそれら貴族に雇われる技術者「雇工《ここう》」に変化していった。そして、それとともに「大工」の人数も増えていった。ただし、この時点でそうした高級な技術者が働いていたのは、一部の特権階級による建築に限られていた。

渡辺は、それが大きく変化するのは、大規模な築城と城下町の建設が一段落した元和年間（1620年代）を過ぎたあたりからだとしている。それまで一部の支配階級の建築にのみ必要とされていた大工技術とそれを支える職人が、需要の急減に対応すべく職場を拡大し、都市の町屋や比較的富裕な農家の建築に従事するようになったというのである。古代には特別な国家的事業にしか使われていなかった専門技術者による高度な木造建築技術が、時代とともに適用範囲を広げ、ついに近世になってすべてのとは言わないまでも、各地の多くの階層が利用できるところにまで普及したことになる。

要約すれば、この大工を代表とする練磨された建築職人の数の増加と、近世に完成形に近付く道具の発達とが、日本全体の建築の生産性を飛躍的に向上させたというのが、渡辺の言わんとす

るところだった。

明治以降の日本の建築生産は、この長い歴史の中で培われてきた大工中心の建築職人の世界の上に展開された。そして、建築の近代化は、建築職人の活躍する地域や階層の更なる拡張によって成し遂げられていったのだ。もしも十分な数の優れた建築職人が全国津々浦々に存在していれば、生み出す建築の価値が上昇する形で、日本全体の大小さまざまな建築の生産性が総じて向上することになる。

建築職人の中核である大工の人数を国勢調査で見てみよう。大工人数の統計が取られ始めた１９３０（昭和５）年の国勢調査では45万人強。国民約１４０人当たり一人の大工がいるという状態だった。当時よりも遥かに建築工事量の多い最近の２０２０（令和２）年に、約４２４人に一人しか大工がいないという状況を考えると、少なくとも戦前の大工数は、建築の生産性向上を支えるのに十分なものだったと言えそうである。

戦後の日本全国の大工人数をより細かく見ておきたい。１９５０年は「大工徒弟」という分類があり、これを合わせると約50万人（約１６７人に一人の大工）、１９５５年は約52万人（約１７０人に一人）、１９６０年は約61万人（約１５１人に一人）、１９６５年は約69万人（約１４２人に一人）、１９７０年は約85万人（約１２２人に一人）、１９７５年は約87万人（約１２９人に一人）、１９８０年は約94万人（約125人に一人）。ここまでは大工人数は右肩上がり、増加の一途を辿っていた。コンクリート工事の要となった型枠大工もこの中に含まれていた。

千年築いた基層が崩れる――わずか40年で32%に減少した大工数

ところが、1980年を境に大工数は減少し始める。ちょうど私が大学院に進んだ年である。1985年は約80万人（約151人に一人）。初めての減少、それも5年で14万人も減ってしまった。続く1990年は約73万人（約168人に一人）、1995年は約76万人（約165人に一人）、2000年は約65万人（約196人に一人）、2005年は約54万人（約237人に一人）、2010年は約40万人（約322人に一人）、2015年は約35万人（約359人に一人）、2020年は約30万人（約424人に一人）という具合である。特に21世紀に入ってからの減少の速さは異常であり、日本の建築職人の世界が長い年月をかけて形成されてきた過程に思いを馳せる時、切なさとともに大きな危機感を覚えずにはいられない。

「職人」をひらく理由――平均年齢54・2歳の現実

ここで、前章で文化の基層と申し上げた建築職人の世界について、危機感を覚える背景をもう少し具体的に把握しておきたい。そうしなければ対策の講じようもない。手掛かりはやはり国勢調査。公表されている中で最新の2020年の数字を少し詳しく見てみよう（図2−3）。

まずは大工。何度も言うように日本全体では30万人。5歳刻みの人数が公表されているが、そのうち一番多いのは65〜69歳で5万人弱。60〜64歳が4万人弱、45〜49歳が3万人強と続く。平均年齢は54.2歳。驚くべきことに、将来を担うであろう15〜19歳の大工は2120人という少なさだ。全体

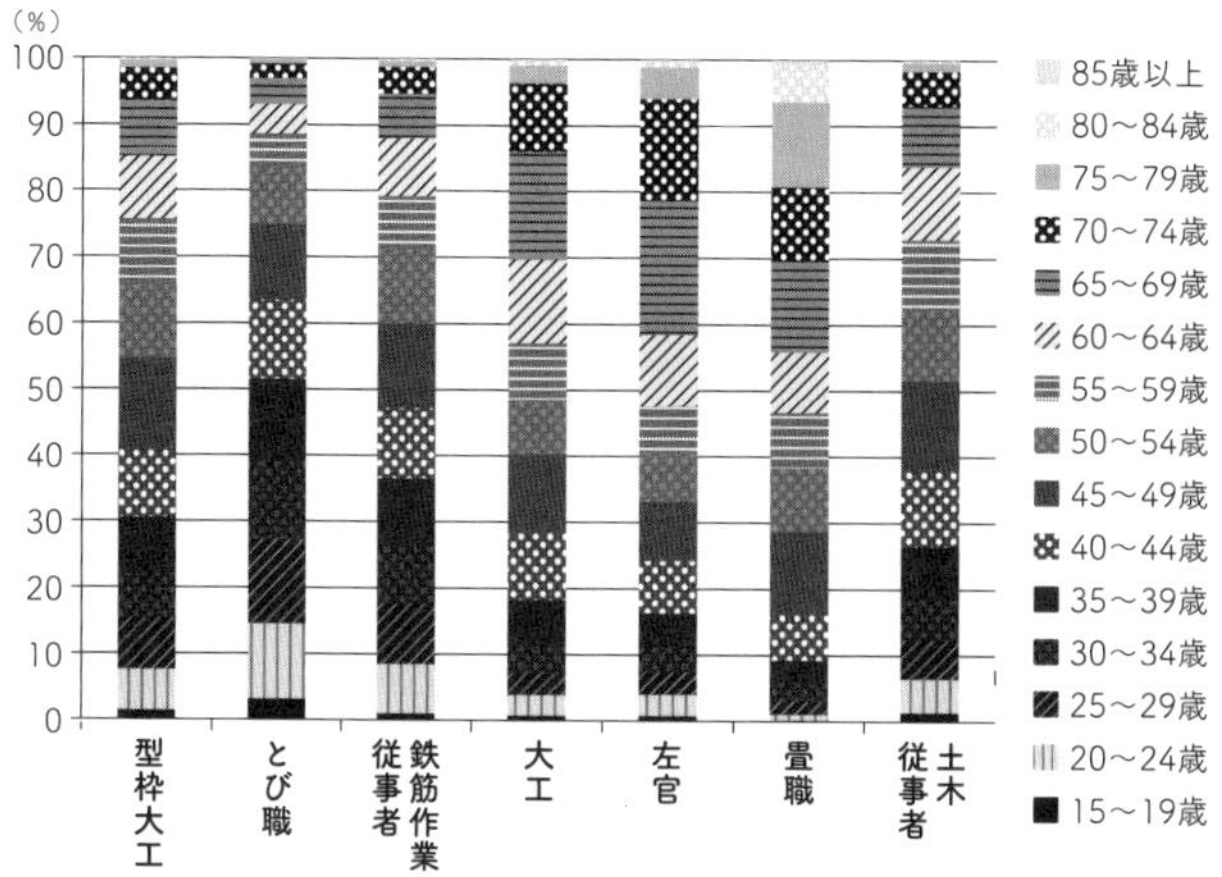

型枠大工	4万 840名（総数）	48.0歳（平均年齢）
とび職	11万1940名	40.8歳
鉄筋作業従事者	2万8990名	46.1歳
大工	29万7900名	54.2歳
左官	5万9890名	56.8歳
畳職	9130名	60.1歳
土木従事者	45万6900名	49.3歳

図2-3　2020年国勢調査にみる建築・土木関係の主要職種の年齢別構成、総数、平均年齢。（出典：国勢調査の「職業（小分類）、年齢（5歳階級）、男女別15歳以上就業者数及び平均年齢」のうち「J 建設・採掘従事者、65 建設・土木作業従事者」に基づき作成）

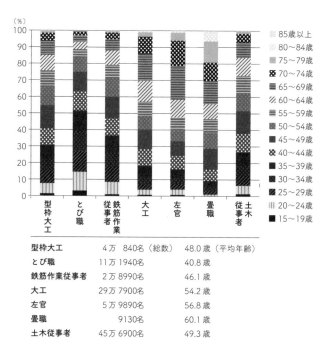

の1％にも満たず、60歳代後半の大工の22分の1に過ぎないのだ。どうする？ ちなみに伝統的な職種である左官は、全体でほぼ6万人、平均年齢は56・8歳。15〜19歳の左官は全国でたったの450人とこれまた1％に届かず。和室を支える畳職人に至っては、9000人強で平均年齢は60・1歳にもなる。15〜19歳の畳職人は僅か10人で、もちろん1％にも遠く及ばない。一体全体、どうするのだ？

3　建築と都市を救うのはだれか？

ものづくりの楽しさを見出せる世界へ

建築と都市の基層にある職人社会の危うさについて、共有していただけただろうか。とにかくまずはできるだけ多くの人に危機感を共有していただくことこそが、持続可能な未来をつくるための第一歩だと考える。

渡辺保忠先生があの論文を書かれた1960年頃。建築職人は増加の一途を辿っていた。職場環境や待遇、働き方などにさほどの気を遣わなくとも、建築職人世界の門を叩く若者はどんどん増えていたのである。先の数字から見ても、業界全体の慢心は当然起こり得た。1960〜1970年代にはだれも大工が減るなどとは思ってもいなかっただろう。ところが、1980年代に入って減少が始まり、その時点で平均年齢の上昇傾向も見られるようになった。結構な騒ぎになった。建設業界は「3K（Kiken・Kitanai・Kitsui）」だからこれを解決しなければならないとか、ゼネコンや住宅メーカーが大工を社員化することを検討すべきではないかとか、ロボットを初めとする機械で置き換えることはできないのかといった、いろいろな議論が巻き起こったが、それが40年後の2022年においてもなお、変わらず検討のテーマとして取り上げられているとは思ってもみなかった。この40年を振り返ると、取り組むべきテーマが違っていたのではないかとしか考えようがない。

今私が主なテーマに掲げるべきだと思っているのは、建築職人の世界にものづくりの楽しみを見出し、それを人生に豊かさをもたらすものとして位置付け直すこと。先に触れたスタッズ・ターケルの言葉を借りると、「仕事・ふつうの人のふつう以上の夢」をかなえられる世界にすることである。

「職人」の埒外に目を向ける

そう、目を向けるべきは「ふつうの人」である。例えば、これまで建築職人の世界でほとんど見られなかった女性から考えてみよう。

私が学生だった頃、建築工事の現場を見学するグループに女性が入っていると、現場の方に困った表情をされることがあった。トンネル工事のように「(山の神様が怒るから)女人禁制」とは明言していなかったものの、それに通じる雰囲気が感じられたのを思い出す。しかし、さすがに40年近くの歳月が流れ、時代は変わった。世の中は、さまざまな人々の能力を最大限に発揮できるような社会のあり方を強く求め始めている。いわく「ダイバーシティ」。建築の工事現場でも女性の姿を目にするようになったし、同じようにかつてはほとんど見られなかった外国人にもしばしば出会うようになった。

けれども、果たしてこの状況は手放しで歓迎できるものなのだろうか。そう思うことがある。人手が足りなくなってきたから、いわば場当たり的な現場側の対応で一見「ダイバーシティ」らしき現象を見るようになっただけではないのか。それぞれの人々、例えば女性ならば女性、外国人ならば外国人の能力を最大限に発揮できる場として、建築職人の世界がひらかれているということになっているのだろうか。私が疑り深いせいなのかもしれないが、ついついそう思ってしまうのだ。

なぜそんなふうに思ってしまうのかと言えば、建築の工事現場に代表されるものづくりの世界には、建築とともに歩んだ長い歴史があり、そこで受け継がれ発展してきた技能には自己実現に通じる奥深さがあり、本来このものづくり世界には参加した者に喜びを与える力があるからだ。時折現場で見かける女性や外国人は果たしてその喜びを味わえているのだろうか。そんなふうに思ってしまう。「ダイバーシティ」とは単にいろいろな人が職場に参加することだけを意味するのではなく、その人々の能力がそこで引き出され、開花させられる状態をも含意する。その意味に立ち返った時に生ずる疑問である。

建築職人の世界の擦り減り方に危機感を募らせている人も少なくないなかで、私自身は、これまで入り口の設け方が限定的に過ぎた建築職人の世界を、もっといろいろな人にひらいていくべきだと考えてきた。そこでは新しい人として、女性の皆さん、外国人の皆さん、セルフリノベーション等でＤＩＹに親しんだ皆さんを、明確に意識すべきだと考えている。ただ、人手不足を補うためにということではない。奥深い技能の世界は自己実現の喜びに繋がっており、建築をつくる行為は豊かさに満ちている。それを期待する新たな人々を、このものづくり人の世界に招待したいと心から願っているのだ。
本書は、建築の豊かなものづくりの世界に新しい人を招き入れるさまざまな入り口をデザインすることで、建築のダイバーシティをひらく方法を考えようとしているが、さしあたり、次章では夢を持ってものづくり人の世界に飛び込んできた女性たちの生の声を聞いてみたいと思う。スタッズ・ターケルのように深い話を聞き出せるかどうかには自信がないが、まあやってみることにしよう。

*1　ここからの渡辺保忠さんの著作の要約と大工人数に関する記述は、拙著「21世紀がテーマとすべき生産性－建築分野－」『コンクリート工学』Vol.55 No.9、848－851頁、コンクリート工学会、2017年9月より引用の上加筆修正したものである。

第2部
新たなものづくり人たち
――自力でひらく仕事の可能性

3章 女性職人
——自発性と積極性で風穴を開ける

1 彼女たちはなぜ大工になったのか？

あれ、女性大工が増えてない？

国土交通省住宅局が実施している事業に「大工技能者等の担い手確保・育成事業」というものがある。関連ＨＰには、この事業の目的が次のように書かれている。

本事業は、大工技能者の減少・高齢化が進行する中、処遇改善、働き方改革、外国人受入れや女性活躍等といった環境変化に対応しつつ大工技能者等を確保・育成するための研修活動等を支援することにより、木造住宅及び都市木造建築物の生産体制の整備を推進することを目的とするものです。

国はこの目的に沿って、複数の大工技能者関係機関と連携し、大工技能者の技能向上のための研修活動や大工技能者が能力・経験に応じた処遇を受けられる環境整備の取り組みなどの支援を実施している。そして年に1度、その支援を受けた全国各地の大工技能者関係機関等が一堂に会して成果発表を行う機会がある。この事業にいささか関係してきた経緯のある筆者にも、その発表会の案内が届く。

２０２０年度の成果発表会の時だった。大工技能者の技能向上研修の報告書に、各地での研修に参加した大工の人数が記載された表を見つけた。そして、少々驚いた。すべての研修ではないが、複数の地域の研修で女性の参加が見られたのである。女性大工だ。こういう研修を受ける若い女性大工が全国各地にいるというイメージはなかっただけに、とても興味深く思った。何か明るい兆しのように感じたのだ。早速、女性が研修に参加したという報告をあげていた各地の団体に連絡を取って質問した。「この女性大工の方々のお話を伺う機会をつくってはいただけませんか」と。有難いことに、全国の8団体が協力してくださり、16名の女性大工の方々にインタビューすることができた。本章では、まずこのインタビューで聞くことのできた女性大工の皆さんの生の声を紹介したいと思う。彼女たちこそ〝ものづくりの未来の鍵を握る人々〟だと思うからである。

小さい頃から大工に憧れていた人たち

最初に、彼女たちが大工になった経緯について語った内容を紹介しておきたい。総じてものづくりが好きだからとか、体を動かす仕事が性に合っているとかいう人が多かったが、事情はそれぞれである。まずは幼い頃から大工に憧れていたというユキエさん（仮名）から。

長野県のユキエさんの話

初めは小学校の頃、近所で建て方をやっている大工さんの姿に憧れて。その時点では大工になりたいというわけではなくて、カッコいいなという気持ちでした。しばらくして高校生の時に、先生が技術専門学校という進路をほかの生徒に教えているのを小耳にはさみ、調べてみて「ああ良いな」って。その時に、ふと小学生の時に見た光景を思い出しました。そう言えば、カッコいい大工さんって最近見ていないから、自分がなっちゃおうと思いました。それで、高校卒業後に技術専門学校の大工科に入りました。

入学時の同級生は20名近くいましたが、卒業できたのは1桁です。女性ももう一人いましたが、彼女は大工にはならなかったですね。大工科では座学と墨付け・刻み（柱や梁の継手仕口などの加工）の実技が主です。それが本当に楽しかった。そうして1年が経ち、専門学校に来ていた求人を見て、今いる会社でのインターンシップを経て社員として入社しました。今は入社7年目で、親方として現場を何件か持っています。26歳ですが後輩もどんどん入ってくるので、会社では中堅の立場になっています。後輩はみんな男性ですが、いろいろ教えています。

次にやはり幼い頃から大工に憧れていたというミユキさん（仮名）の話。

山梨県のミユキさんの話

私の父と祖父が大工で工務店をやっていまして。祖父母の家が加工場と兼用になっていて、その家に泊まった時に、父や祖父が加工場で柱や梁の加工をして道具を扱う姿がカッコいいなと憧れを持ちました。自分もああいう風になりたいなと。この気持ちは保育園の時からずっと変わりません。2人の兄が家業を継がなかったので、そのうち自分が継ぐのかなという考えは持っています。

中学卒業後に迷わず工業高校の建築科に入って、高校卒業後はすぐに今の会社に大工として就職しました。工業高校の建築学科の同級生は40人程で女性は9名。大工になったのは私だけです。ほかの女性は設計か、大学に進学したか、建築とは全く関係ないことやっているかですね。

私は初めから大工志望ですが、母親から家の工務店に入るのは世間知らずにもなるし甘えにもなるから外に出なさいと言われて、いろいろな大工さんから教わることも良い経験になると考え、ほかの工務店に社員大工で入る決断をしました。ただ、高校に来る求人には「女子可」というのがなかなかなくて。大工の場合、大体「女子不可」と書いてある。そこで先生に相談して、今の会社を紹介してもらいました。入社して1年半ですが、楽しく働けています。

次は幼い頃から古い木造建築が好きだったというサオリさん（仮名）の話。

福岡県のサオリさんの話

私は子どもの頃から日本の古い神社仏閣や古民家が好きでした。志望した大学にそういう学科があったので入学して、古民家などを見学している時に、これがどうやってつくられているのかに興味が湧き、自分でもつくってみたいなと思って大工になりました。今働いている工務店は、古民家再生もたまにやるようですが、私が入ってからはまだそういう仕事はありません。ただ、今の普通の木造住宅のように全自動加工機械による継手仕口の加工は使わず、伝統構法に沿った墨付け・手刻みをしています。それを、私も含めて5名の大工でやっています。私以外は全員一人親方です。私は初めての社員大工ということです。いろいろな面で社員として雇ってもらえる方が良いなというのはありました。入社してまだ1年半ですが、ここで伝統構法の基礎をきちんと学んで、将来は古民家再生ができるようなところにも行ってみたいなと思っています。

次は小学生の頃に見たテレビ番組で大工を知ったというナミさん（仮名）の話。

福岡県のナミさんの話

私はテレビですね。「ビフォーアフター」という番組を中学に入る前に見て、大工という職業があるのを知ったんです。それでもう、小学校の卒業文集の「将来の夢」は大工。決意は固かったですね。中学に入ってすぐに、次は建築科のある工業高校に入ろうと思っていました。建築科に入った時点では同級生40名のうち女性は12名でしたが、その中で大工になったのは私だけです。ほかの人は設計事務所の所員や現場監督になりました。高校時代に求人を見て、ここが良いなあと思ったのが今の職場です。ポイントは職場のInstagramアカウントの写真でした。それがカッコよかったんです。

次はお母さんと住宅展示場に行ったのがきっかけというマコさん（仮名）の話。

新潟県のマコさんの話

母が住宅展示場をまわるのが趣味で、それに付いて行ったのがきっかけで、建築に興味を持ちました。小学生でもう大工になりたいと思っていましたが、同級生から女性で大工は無理なのではないかと言われて、女性も多い建築関係の仕事として、設計職に進みたいと思うようになりました。ただ、数学や物理が得意ではなく、希望する大学の建築学科への進学が難しかったんです。親からは文系を勧められましたが、やりたい仕事ではないと思い、「そういえば大工があった」ということで、親を説得してテクノスクールに行くことにしました。テクノスクールに入ってみて、自分に合っていると感じました。家が建つ光景が好きで、家をつくる仕事こそやりたかったことだと思いました。ただ、同級生で女性は私だけでした。

テクノスクールを出た後は、父の知り合いの関係でまず今の会社でインターンとして働くことになりました。社長からは当初、大工よりも設計向きなのではないかと言われ、インターンとして設計に1週間、大工に1週間入らせてもらいました。設計では、お客さんに渡す模型をつくったり、パソコンでCADを扱ったりしました。大工の現場では、下小屋で木材を加工するなど実際に使う木材を扱いました。両方やってみて、やはり自分には大工が合っていると感じました。

次は中学生の時に宮大工に憧れたというエリさん（仮名）の話。

秋田県のエリさんの話

中学校2年生の時に、テレビに宮大工の女性が出ていて、日光の伝統木造建築の修復作業をされていました。それを見てカッコいいなと思い、私もやりたいと思いました。もともとは、中学校を卒業したら働こうと思っていて、ある工務店の社長さんに話を聞きに行ったんです。そうしたらその社長さんが技術専門学校を教えてくれたので、2年間そちらの建築工芸科に行きました。休日には通信制にも行けるので、同時に通信制高校にも通っていました。技術専門学校の同級生は5人でした。女性は私一人でした。2年間、座学と継手仕口など加工の実技を習いました。そして、宮大工をやっていた先生の紹介で、宮大工系の仕事をしている今の会社に入りました。そういう会社ですから、継手仕口も機械加工ではなく、墨付けと手刻みをやっています。もともと私はそれをやりたかったし、やはり好きです。

非ものづくり系の世界から転職して大工になった人たち

ここまでは小さい頃から大工や木造建築の世界に憧れていてまっすぐに大工になった方々の話だったが、それとは全く異なり、ものづくり系ではないほかの職を辞めて大工になった人たちもいる。まずはコロナ禍で大工に辿り着いたヒロコさん（仮名）の話から。

長野県のヒロコさんの話

私は、2020年まで子どもと2人で東京に住んでいました。ところがコロナ禍で会社がなくなってしまい、やむなく里帰りをすることになりました。帰ってきて、最初はタクシーの運転手になったのですが、タクシー業界も仕事がなくて全然稼げない。次に、とりあえず家から一番近い職場として見つけたのが、今働いている工務店でした。いきなり「雇ってくれませんか？」という感じで連絡しました。そこで、現場に出る人なら良いよって言われました。大工さんが何をしているかについては全然知らずに入りました。半年前のことです。

入ったら、いきなり翌日から現場でした。新築の壁のボードを貼っている段階でした。ガンでビスをバンバン打つだけだったので案外楽だし、とても面白いと思いました。そんなに言われるほど大変じゃないなと思って、続けていたのですが、その後初めて建て方をやった時に、信じられないくらい重い柱や梁を持たされて。「そっち持てよ」みたいな感じで。専門用語も知らないので、大工の親方から指示を受けても、ただただ「?」しかない。それでボーッとしていると、怒られて。これが毎日続いたので、辞めた方が良いのかなと悩んだこともありました。でもその現場が何とか終わった時に、ちょっと自信がついてきたんです。

自分にできることが少しでもあるなら、大工の仕事がなくなることはないだろうなと思って続けています。生きていく上で自分の武器になるものを仕事にしようと思っていたので、辞めるという選択肢はもともとなかったのですが、そもそも私がいることで工務店に迷惑をかけているのではと悩んでいたんですね。それが一つの現場を最初から最後まで経験したことで、自分の中でもポジティブに考えて学んでいくという姿勢に変わったように感じています。

次は、接客業から大工に転職したトモカさん（仮名）の話。

宮崎県のトモカさんの話

以前は接客業をやっていましたが、その仕事を辞めて職業訓練校の住宅リフォーム科に入ったんです。そこでは大工実技もCADもやるのですが、私はどちらかと言うと大工実技の方が楽しくて、こっちをやってみようかなと思ったのがきっかけです。同じ学年に女性は15名程いましたが、私以外は皆ＣＡＤを選んで、大工を選んだ人はいなかったです。そもそもリフォーム番組を見るのも好きで、現場に興味があったのも大きいです。職業訓練校に入って、自分はものづくりが好きだったんだと思えました。ほかの人は、現場作業となるとやっぱり肉体労働できついなと思うみたいですが、実際やってみると、多分皆が思っている程きつくはないと思います。

設計のデスクワークよりも体を動かしたいから大工になった人たち

当初は設計を志していたけれど、大学等で建築を学んでみて、体を動かしたりものをつくる現場が好きだと気付き、大工に転向した人たちもいる。

今回お話を伺ったなかでは、結局自分はものづくりが好き、あるいは体を動かすのが好きということを再認識して大工になった、という方が多かった。学歴や専門は関係ない。そこも今日的で興味深い。まずは、北海道のミキエさん（仮名）、ハナさん（仮名）、ナツコさん（仮名）、アサコさん（仮名）、モモコさん（仮名）、ナチコさん（仮名）の話から。

北海道のミキエさんの話

もともと日本家屋というか昔のつくりの家が好きで、設計の専門学校に行ったのですが、デスクワークは合わないなと思って違う仕事に就きました。ただ、働いているうちに、せっかくだからやはり建築関係の仕事をしたいと思うようになり、体を動かすのだったら大工かなと思い直して、ネット検索で今の会社を見つけて社員大工として就職しました。専門学校の同級生たちは大体設計事務所や家具の製作会社で働いています。

北海道のハナさんの話

もともと何かものをつくったりするのが好きで。大工になりたいと思っていたわけではないのですが、家の近くに技術系の専門学校があって、オープンキャンパスに行った時に大工って面白そうだなと思って入学しました。専門学校では、実際に一軒の家を途中まで建てる授業があって、大まかな大工仕事はひととおり学びました。家を建てる勉強をしながら改めて大工は面白いなと思ったので、学校に来ている求人を見て今の会社に就職しました。

北海道のナツコさんの話

設計をやろうと思って工業高校に行ったのですが、設計事務所のインターンシップに行ったら、イメージと違っていて、どうしようかなと思った時に、地元に職業訓練校があったので、高校卒業後はそこに行ってみようと考えました。職業訓練校の方のインターンシップでは鉄筋コンクリート造の現場に行ってコンクリートを打ったり施工管理したりするのを手伝いました。でも、座学で習ったのは木造なので木造の大工が良いなと思って、先生の勧めで今の会社に来ました。設計事務所に行くまでは、まさか大工になるとは思っていなかったのですが、やはり体を動かした方が楽しいです。

北海道のアサコさんの話

大学生の時に研究室に籠る生活が続いていたので、体を動かす生活がしたいと思いまして。昼間に肉体労働をして、夜はぐっすり眠れる仕事がしたいなと思うようになりました。といっても、初めは大工になると決意していたわけではなかったです。森が好きでしたから、もともとは林業をしようと思っていました。森林とか木材に関係する仕事を探している時に、たまたま今働かせてもらっている会社に出会いました。木造の家を建てていて魅力的だなと思い、弟子入りをお願いすることになりました。

北海道のモモコさんの話

建築の設計がしたくて大学に入ったのですが、そこでのカリキュラムが現場監督になるためのものでした。とはいえ4年間学んでいるうちに、自分は体を動かす方が好きだなと気付いたんです。また接手仕口などを手刻みで加工する実習授業もあって、それが面白いなと思い、大工技能士の資格試験を受けたいと思うようになりました。3級、2級を受けて合格することができたので、それが自信に繋がり、大工をやってみようと決心がつきました。今は実務経験を2年積んで、1級の資格を取るのが目標です。

北海道のナチコさんの話

中学生の頃から森に興味があって、木を見ているのも何となく好きでした。ですので、大学では森林科学科に属し林業の勉強をしていたのですが、就職活動が始まる頃に、木を使ったものづくりがしたいと思うようになりました。直接ものをつくる仕事と言ったら、やはり大工や家具屋かなと思い付き、就職先をネットで検索をして、今の会社に行き着き、インターンをさせてもらいました。

大学で建築や林産の勉強をして大工になった方も少なくないことがわかってきたが、サエコさん（仮名）もその一人。

山形県のサエコさんの話

大学では建築設計を学んでいたのですが、大学のプロジェクトでツリーハウスをつくったことがあって、そこで実際に手を動かしてものをつくる楽しさを知り、大工に興味を持ちました。ツリーハウスのプロジェクトには20人位の学生が関わりましたが、私のように実際に大工とかものづくりの分野に就職した人はあまりいません。いても各学年に一人くらいでしょうか。ただし、女性は私が初めてだと思います。

最後に、商業系の高校を卒業してから大工になったタカヨさん（仮名）とコナツさん（仮名）の話。

新潟県のタカヨさんの話

私が中学3年生の時に父が亡くなりました。その父が大工をしていました。いわゆる一人親方で、自宅に作業小屋がありました。高校を決める時に、母の勧めもあって手に職をと考え、商業高校に進みました。当初は事務職を希望して就職活動をしていたのですが、実は自分は事務仕事向きではないなという感覚がありました。体を動かしたいなという。そんな時に今の会社が珍しく女性社員大工の求人票を出しているのを知って、ここに入りたいと思いました。大工なら、まさに手に職をつけられると思って。この会社にはその時点で既に3人の女性の先輩がいました。25年程前の話です。その求人票を見るまで、自分が大工になるなんて全くイメージしていませんでした。でも、やったことがなくても入った後にできるようになればいい、と思うようにしていました。

愛媛県のコナツさんの話

私は高校2年生で大工になりたいと思いました。昔からものづくりが好きで、なんでもつくるのが好きでした。高校は商業科だったのですが、じっとしている仕事は苦手だなと思っていました。たまたま高校2年生の時に、テレビで女性大工の方のドキュメンタリーを見て、それが本当にカッコよくて憧れて、私もなりたいと思いました。その方の出身が私と同じ愛媛だったから、余計身近に感じたというのもあったかもしれません。母にその話をしたら、高校の商業科から大工になるよりは、職業訓練校で少しでも勉強してからの方が良いとアドバイスされ、地元の職業訓練校に行きました。同級生は15人で、年齢もさまざま、女性も4人いました。ただ、大工になったのは私だけです。大工になるための訓練はひととおりできるカリキュラムだったのですが、ほかの人の進路は、設計士や建築系の営業、地盤調査などです。皆、私のように大工になろうと思って職業訓練校に来ているわけではなかったのですね。

就職先を探しましたが、なかなか大工の求人がなくて。やっと今の会社に辿り着きました。木材の加工を自分たちでやって、古民家再生もしていることがわかるホームページを見て、ここに決めました。あと、一番良いのが家から近いことです。実家から車で10分ですから。

希望を感じられる手仕事への眼差し

以上、全国各地で大工として颯爽と活躍する16名の女性たちが、何故大工になったかを語った生の声を紹介させていただいた。部分的に似た話もあるにはあったが、やはり事情は一人ひとり固有のものだ。だからこそ、ここでは全員の声を取り上げた。

こうして16名の女性大工の話を聞いて改めて感じたのは、そのポジティブさだ。今回は大工になった経緯の部分のみ取り上げたが、そこからだけでも伝わってくると思う。これは女性に限らないかもしれないが、大工という職業を、そして建築職人の世界に仲間として加わることを、「カッコいい」と肯定的に捉える感性が豊かに存在していることには、大いに勇気付けられる。

ただ、学友の中でも大工になったのは「私だけです」という話が多く聞かれたのも事実である。これに関しては、ほかの職業から転じて大工の道に入った人が少なくなかった点に光明が見出せると思う。ものづくりの世界で大工という職業を知る、あるいは女性でも志せるという機会にそもそも巡り合えていない、または選択肢があることすら知らない人は多いだろう。更なる情報提供が重要であることは間違いない。

また今回の話は期せずして、属人的な技能と属人的でない技術の関係という、建築文化にとって、あるいはものづくりの世界全体にとって重要なテーマを浮かび上がらせた。彼女たちが憧れの対象として古民家や宮大工に触れる時、そこには機械加工に依存しない手刻み・手仕事への眼差しがある（図3－1）。他方、彼女たちが働く現代の木造建築の市場において、大工による墨付けや手加工を必要としない全自動加工機の普及率は9割を超えたとも言われる。高みがあるからこそその道を志したいと思えるものづくりの世界と、機械化や情報化が進展することでものづくりの効率が上がり、競争力が獲得される市場のメカニズム。この二つの折り合いのつけ方に関しては、後章で腰を入れて考えなければならないと思う。

それにしても、ものづくりの未来を考えるのに、それに属する彼女たちの率直な生の声に耳を傾け

図3−1 5年目と3年目の2名の女性大工（左の2名）が刻み作業を行う加工場
（撮影：江口亨氏、北海道の武部建設にて）

たのは正解だった。日常的な言葉の中に、平安中期から千年の基層を支えつづけてきた「職人」のアイデンティティがすぐに表れてくるからだ。

力がなくても大工仕事はできる

さて、ここからは、彼女たちの「大工になってから」を聞いてみたいと思う。

タカヨさんは地元の商業高校卒業後、彼女が中学生の時に他界されたお父さんと同じ大工の道を選んだ。手に職をつけられる仕事だというのが一番の理由だった。当時としてはまだそう多くなかった社員大工の募集を見つけたのも大きかった。それから25年。40代半ばになり、上は中学3年生から下は1歳までの4人の子どもを産み育てるタカヨさんは、住宅などの建設現場に入る3～4名の大工チームのサブリーダーとして、後輩大工の指導役や建設現場全体の統括役を務めている。

――これから女性大工が増えてくるとすると、タカヨさんのようなモデルの存在は大事だと思います。子育てとの両立は大変だと思いますが、夫婦間の役割分担などはどうなっているのですか？

タカヨさん　夫とは社内結婚で、私のチームには大工の夫も加わっています。2年先輩の彼がリーダーです。そういう意味では、社長とも何でも相談しますが、融通の利く職場だと思います。夫婦で同じ大工、同じチームですから、家でも仕事の話は多いです。明日の現場の段取りの話やら、細部の納まりの話やら。そういう点では特殊な例かもしれません。

――下のお子さんがまだ1歳ということから、まだまだ大変な時期ですね。これまで4人のお子さんを育ててきて、大工を辞めることを考えたことはないですか？

タカヨさん ないですね。そんな私の姿を見ているからでしょうか、小学4年生の娘が将来は大工になりたいと言ってくれています。

――タカヨさんの時代には、女性大工は今よりももっと珍しかったでしょうし、いろいろと困ったことが多かったのではないですか？

タカヨさん 古い話になりますが、近くに男性がいる時には、現場の仮設トイレに入りにくいということなどはありました。そして、できるだけ女性だということを知られたくないと思っていました。男性と同じように扱ってもらって、なるべく気を遣わせないようにと心がけていました。ヘルメットを深くかぶって、まわりの男性と同じ服装をしてとか。

――社会全体の認識が今とはかなり違っていた時代の話ですね。その当時は、職場の環境を変えてほしいと思ったことはなかったですか？

タカヨさん 当時はなかったです。ただ、環境を変えてほしいということはないですが、今後は、力がなくても大工仕事ができるということを伝える必要があると思います。造作工事（仕上げや室内装飾などの工事）なんかはそんなに力はいりませんから。大工と言えば力仕事や高所作業などの危険作業というイメージがあるでしょうが、それらは仕事の一部に過ぎないことを伝えていく必要があります。それと、私が入職した頃は「見て覚えろ」ということで、言葉で教わることはありませんでした。今やそれでは通用しませんから、一から十まできちんと言葉で教えるようにしています。

――逆に女性だからこその強みのようなことはありますか?

タカヨさん　器用だと言われることはあります。私のチームの現場はきれいだと言われることが多いです。男性とは目の届くところが違うようで、一服後に掃除をしたり、作業の後は材料を一カ所に集めておいたり、ビスや釘をまとめておいたりと、いつ見られても良いようにほかのチームよりも高いレベルで掃除をしています。

――コミュニケーションについてはどうですか?

タカヨさん　「女性は珍しいね」と声をかけてもらうこともあり、女性であることをきっかけにお客さんとのコミュニケーションがとりやすくなることもあります。棟梁よりもお客さんと話すことは多いかもしれません。

――さて、タカヨさんは26年間大工を続けてきたわけですが、何歳くらいまで大工でいたいですか?

タカヨさん　下の子がまだ1歳なので、後20年は働かないといけません。ただ、そうなると60歳代半ばになります。体が動くうちは大工をしたいですが、いつどうなるかはわからないので、独学で2級建築士の資格を取りました。資格向けの勉強をすれば、大工以外の分野の知識が増えるので、お客さんとの会話が膨らむだろうと思います。更に勉強して1級建築士資格も取得できれば、体が動かなくても次があるだろうと。

現時点では、タカヨさんほど経験のある女性大工は珍しい。そのタカヨさんがこれだけ確信をもって充実した建築職人生活を送っていることには、大いに勇気づけられる。そして、大工からの転身もありそうな、これからのタカヨさんのキャリアパスは非常に重要だ。いずれ後に続く皆が通り得る道という意味で。そう、入り口だけでなく出口も、一部屋でなく異なる複数の部屋を用意しておくこと。それがこれからの建築職人の世界には重要だ。

女性親方としての苦労

ユキエさんは小学生時代に見た大工の姿に憧れて、技術専門校卒業後に大工になった。7年経った今、既に「親方」として何棟かの新築工事を担当している。その間に、皆男性ではあるが、後輩の大工も何名か入社してきて、時に彼らを指導することもあるが、それは少々難しいことだという。自分の理解がそのまま後輩の理解に繫がるよう説明するのに一苦労しているらしい。

その彼女自身は、何人もの親方衆に指導を受けてきた。建設現場が変わるごとに30代から40代の異なる社員大工の下で働いてきたからだ。よく怒られたと話す。

ユキエさん　最初の頃はどうしてもあるんですよ。言われたことを取り違えてしまったり、過去の失敗と同じミスを繰り返したり。それに道具の扱いにも慣れていないから、どうしても危ない使い方をしてしまったり。

——そうすると厳しく叱られる。でもそれは仕方ないですね。大工になる前に思っていたよりも大工の仕事は難しいですか？

ユキエさん　いいえ。どちらかと言うと「思っていたとおり難しい」ですかね。だけど難しくてもやっぱり、やり甲斐はありますね。完成した家を見たりするとじわっときます。帰り道にわざわざ遠回りをして自分の手掛けた家の前を通ったりして。その家に明かりが灯っていたりすると、もう言葉になりませんね。

たくさんの親方衆に指導されてきたユキエさんだが、もともと筋が良かったようで、入社1年目と2年目には技能オリンピックに出るような腕前だったそうだ。しかしやはり、訓練の場での腕前と実践の場での適応力というのは別物だという。実践の現場でも7年かけて順調に力を付け、今や親方になっているユキエさんだが、まだ20代半ば。やってみたいことはいくらでもあるといい、例えば、本格的な和室を手掛けてみたいのだとか。今ではなかなか注文が少なくなっているそうだが、室内に木部が多く表れる本格的な和室は、大工の腕の見せ所。昔ながらの柱や梁の継手仕口の手刻みに憧れているのかと思うが、それは案外違っていて「やれるチャンスがあるならやってはみたいですけど、ちょっと面倒臭いかな。プレカット機械にやってもらった方が精度も良いし、楽だし」とのこと。大工の腕の見せ所は、何も継手仕口の墨付けや手刻みだけではない。ユキエさんのこの反応は、そのことの表れだ。

現場を任される親方になると、段取りが腕の見せ所になってくる。この点でユキエさんはまだまだ修行中のようだ。でも確実に目標だった大工像に近づいている。話を聞いてみよう。

――そもそもいつ親方扱いになったのですか？

ユキエさん　入社5年経った頃に、社長から「1軒やってみろ」って図面を渡されて。「この現場、親方はだれですか」と聞いたら「おめえだわ」って。ビックリというか、パニックになりました。

――そうやって、皆ある日突然親方になるんですね。その後何軒か親方をやって、どんなふうに慣れていきました？

ユキエさん　私の場合、まだまだ先読みが下手なので、すぐに「あ、やばい」ってなっちゃう。まわりの先輩たちは、もっと心にゆとりがある感じです。

――段取りですね。特に翌日の？

ユキエさん　翌日だったり、もっと先のことを読んでいたり。それが毎日大変で。先輩から「お前はテンパるから駄目なんだよ」ってよく言われるんですが、大体帰宅する前に脳みそがショートする感じです。

――ユキエさんはもともとカッコいい大工に憧れてこの世界に入ったでしょ。その点では今どうなっていますか？

ユキエさん　まわりから見てカッコいいというか、汚らしく見えないように、服装も歩き方も道具の持ち方も気をつけています。いつもだれかから見られているという意識で動かなきゃ、という気持ちではいますね。現場の前を通りがかる近所の女性たちから「ねえちゃんなのにカッコいいね、あんた」と言われたりすることもあります。

大工の世界で女性はマイノリティ。そのため、工具や作業着や建設現場や作業場のトイレについて、もっと考えてほしいという声を聞くことも少なくない。7年の経験を経て親方になったユキエさんの場合はどうだろうか。

ユキエさん　確かに現場のトイレ、最初は衝撃でした。でも慣れましたね。今は別に困っていません。むしろ困るのは道具と服装ですかね。道具は全般に重いし、ガンの類（釘打ち機など拳銃型の工具）は打った時の反動が大きくて、結構身体に負担がかかります。安全靴や作業着も男性向けが多いので、自分にピッタリ合うものは少ないです。

これらのことに関しては、人それぞれでいろいろな意見がある。トイレについては、同じように初めは驚いたという方も多いし、未だに現場のトイレを使うのは嫌だという方もいるが、自分が入社してから会社が対応してくれたという方もいる。道具の重さなどについては、自分がそれに慣れるように鍛えていくという考えの方もいるし、1年程で慣れて今では問題ないという方もいる。服装に関しても、ほかの人はどうしているのかなと情報不足を感じている方もいれば、全然困っていないという方もいる。

変わる現場の空気

さて、次の先輩は4年半の経験を持つコナツさんと、3年の経験のナチコさん。コナツさんは、大工がカッコいいと思ってこの世界に入った点も、手がけた家が完成し、建て主に喜んでもらえた時にやり甲斐を感じる点もユキエさんと同じ。また、何人かの親方の下で経験を積んできた点も同じだ。そのなかでコナツさんが感じているのは、親方による手順や納め方といった、いわば流儀の違い。流儀の違いがあるので、前の現場の親方から習ったやり方で作業をしていると、今度の親方には違うと言われることがある。そのことに関してはコナツさんの場合、率直に「前の親方からは違うやり方を教わりました」と言うらしいし、それぞれが現場から帰ってきた後、雑談の中でその違いについて話し合ったりもするという。彼女が親方同士のコミュニケーションの潤滑油のような役割を果たしているように伺った。

コナツさん　私が来たことで、職場の雰囲気が変わったとはよく言われます。

――明るくなったとか？

コナツさん　はい、そんな感じです。

一方、ナチコさんは現場で一通りのことを学んできて、これからの自身のスキルアップについて次のように語ってくれた。

――3年経つと随分と仕事の実力がついた感じでしょ？

ナチコさん　まだまだ小さい範囲ですけど、任されることが多くなりました。段取りや材料について、どのくらい必要かとか、どの程度加工するかとか、今までの経験に基づいて自分で考えるというのを、どうにかこうにかですけれどこなしていくのは楽しいです。

――良かったですね。でもこの先のスキルアップについてはどう考えていますか？

ナチコさん　まだ自分でやったことのない仕事もありますけど、現場の流れはひととおりわかってはいます。でも実際にやってみると、本当にこのやり方で良いのかなあ、ほかにもっと良い方法があるんじゃないかなと思うことはあります。会社ってやはり閉鎖的なので、せっかくSNSの発達した時代にいるのだから、Youtubeなどを通じて他所から情報を取り入れてやってみるのは結構大切かなと思っています。

さて、彼女たちは女性だから、例えば体力的に厳しい作業についてどう捉えているのだろうか。コナツさんは、この仕事に女性だから難しいということは特段ないし、「女性だからできない」と言われるのはすごく嫌だと言う。

コナツさん　なので、とにかく最大限頑張って。もしそれでもどうしてもできない時は、正直に先輩に言います。「やっぱり無理なんで、ちょっと一緒にやってくれませんか」と。

——一方のナチコさんも似たようなことを語ってくれた。

ナチコさん　丸3年経って、筋肉はまあまあついてきたと思うのですが、これ以上筋力はつかないなという気がしていて、一人では持てない重い梁のリミットも何となくわかるようになってきました。そういう時はまわりに手伝ってもらったり、機械を使ったり。そこの見極めが迅速にできるようになってきました。

彼女たちは、結婚や出産や将来の体力の衰えについてはどう考えているのだろうか。そのことを、大工の仕事は楽しくてやり甲斐があって、身体を使うからぐっすり眠れると言うコナッツさんに尋ねてみた。すると「そのすべてについて日々たくさん考えます。でも会社の方も、そういうことがあれば協力するからと言ってくれていますので、まずは今を頑張ろうと思っています」と前向きな答えが返ってきた。何とも頼もしい限りだ。

建築の世界に、出入り自由な扉を開ける

ほかの女性大工の方々も、経験年数はまだ少ないものの、思っていたとおりの仕事で着々と経験を積み重ね、建築職人としての力をつけていることを異口同音に語ってくれた。まだ1年程の経験しかないある方は、「DIY好きの女性なんかにはきっと楽しいですよ」と言ってくれた。ここにも別の扉の可能性が見出せる。その時に必要になるのは、親方が自身の流儀を言葉少なに伝えることれまでのやり方ではなく、もっと効果的で親しみやすい技能と技術の教育法だと思う。今回の3名の女性大工の方々の話からも、十分にその必要性が伝わってきた。

建築職人の世界のあちらこちらに、出入り自由な扉をつける。そのためには、扉の先にどういう世界が広がっているかを伝える努力が必要だし、更には、敷居を下げるための教育法の確立が必要だ。今回取り上げた女性大工の方々の肉声は、前者の必要にいささかでも答えるもののつもりだが、後者の教育法については引き続き今後の課題としておきたい。

2 元外務省職員からアメリカ籍まで。個性豊かな5名の左官職人

子どもたちの遊びと繋げてみると

前節では、まだまだ珍しい女性大工の方々の話に耳を傾けた。本節では、伝統的な建築職人という点では大工と同じだが、全く異なる技能が求められる「左官職」を取り上げる。大工にせよ左官にせよ千年以上も前から成立している建築職人であり、当然のことのように自然素材を主たる相手としてきた。だから、子どもの遊びの中に、そこに通ずるものを発見することも容易だ。大工は主に木を扱う。子どもの遊びで言えば、積み木遊びや、その辺で拾ってきた草木を集めて秘密基地をつくる遊びの延長線上に大工技能を位置付けることができる。これに対して、左官は土を扱う。粘土をこねて好きなものをつくる遊びや、土や砂に水を混ぜて器らしきものをつくる遊びや、そもそも泥んこ遊びの延長線上に位置付けられると言って良いだろう。

今回も、女性の建築職人の話を伺うという点では前節の大工と同じなのだが、興味深いことに、木と土の違いがくっきりと浮かび上がるダイアローグとなった。

女性左官職人、それぞれの入り口

今回は左官に詳しい編集者の多田君枝さんにお願いして、東京周辺と京都周辺で活動する経験年数5〜10年の女性左官職5名に、オンラインではあったが、一堂に会してもらった。まず、5名の方の経歴を紹介しておこう。

一人目はクミさん（仮名）。左官としての経験年数は10年で、今は東京の左官店に属しているが、社員としてではなく一人親方として活躍している。農業系の大学を卒業したクミさんは、当初は造園に興味があり、富山職藝学院で日本庭園を学んだ。その在学中に能登半島沖地震が発生し、震災ボランティアとして石川県輪島市に赴き、土蔵の解体修復現場に配属されたことで、左官職の存在とその仕事を知ることになった。職藝学院卒業後は、輪島で出会った滋賀県の左官職の下で約10年間修業。その間に結婚し、妊娠を機に退職。二人目の出産後に半年間地元の左官店で働き、今は東京の左官店に外注職人（一人親方）として入っている。

輪島で突然左官の道に進むことにしたのは、そこでのワークショップで指導に当たった左官の親方の、皆で盛り上がって良いものをつくろうという指導法と、そのコミュニケーション能力、そして常により上を目指していくという気持ちに憧れを持ったのが理由だと言う。

二人目の左官職はミエさん（仮名）。京都の左官店で働いているアメリカ人。左官を始めてからの年数はもう少し長いのだが、左官職として活動した通算年数は10年。アメリカで大学を卒業した後、「自然素材建築（Natural Building）」に関心を持ち、ニューメキシコで建築素材、特に壁をつくる自然素材としての土の魅力や神聖さに触れた。その後、小学生時代と高校生時代を過ごしたことのある日本に来て英語教師をしていたが、周りの人に土壁に対する関心を話している内に、左官職の存在を教えられ、またその奥深い世界や土壁に関するさまざまな知識に接し、日本にしかないそれらを学びたいという気持ちになった。そして英語教師を辞め、京都左官技能専修学院に入学。卒業後に一旦帰国し8年後に再び来日、また学院に通いながら、京都の左官店で2年間修業。その後も別の左官店で修業中。今は併行して京都の大学の建築学専攻で博士課程に在籍している。

三人目の左官職は、東京の左官店で社員として修業中のルミさん（仮名）。美術大学の油絵学科を卒業後、２０１６年に東京の左官店に入り、経験年数は5年を超えたところだ。美大では壁に焦点を当てて絵を描いていたが、途中から絵よりもむしろ壁だけに集中するようになり、立体作品を土で制作したりしていた。そして卒業後の進路を考え始めた頃に、建築設計をしている知り合いから左官職の存在、そして土壁の存在を教えられて感動し、左官の道に飛び込んだ。土で壁をつくるのが普通だった時代から60年程しか経っていないが、この短い期間に、一般の方の認識から土壁もそれをつくる左官も姿を消していたということだ。還暦を超えた筆者にとっては驚きの事実だった。

四人目の左官職はエリさん（仮名）。工業高校卒業後、外務省に入省し海外勤務を経るなかで、ものづくりの世界に関心を持つようになったそうだ。もともと色を扱うことが好きで、そういう関係の仕事を探している時に、色土を扱う左官職のことを知るに至り、京都左官技能専修学院に入学。

現在京都の左官店で働き、経験年数は8年になる。

五人目の左官職はカナさん（仮名）。古いものが好きで、大学では文化財について学んでいたが、3年生の時に、古い民家の壁に左官がこてで描いた大黒天の「こて絵」に出会い心底感激し、左官職の存在を知る。京都左官技能専修学院を探し出して、大学卒業後京都の左官店で修業しながらこの学校に通った。経験年数はエリさんと同じく8年になる。

ググっても出てこないことの魅力

だれもがイメージしやすい大工の場合とは違って、上述の5名の紹介でもわかるように、入職の直前まで左官という職種の存在もその仕事の内容も、全く知らなかったという人ばかりである。この職との新鮮な出会いこそが、今回の左官職の方々の大きな特徴である。その新鮮さを、ルミさんは次のように語ってくれた。

ルミさん　大学3年のお正月に、知り合いの建築家の人のお宅に遊びに行っていて。その人の家の壁が全部漆喰塗だったんです。そのお宅が本当に美しくて。「これが漆喰なんだ！」という出会いでした。その後、左官の世界を知りたいと思って検索しても、あまり深い内容は出てこない。そこにもすごい魅力を感じて。ググれば何でもわかると思っていた世代でしたので、ググってもそんなにわからないものがあるんだ、みたいな。そういう世界は追及し甲斐があるし、素材も魅力的だし、よし左官をやろうと思いました。

同様の新鮮な出会いを、アメリカ人のミエさんも経験している。

ミエさん　富山で英語教師をしていた時に、県に寄付された豪邸に伺う機会がありました。その蔵などの壁を塗り直して以前の状態に戻すということで、60~70歳代の左官のおじさんたちが、久しぶりに土を触る体験をしていました。その姿も素敵でしたし、人柄も素敵で、「この空間最高！」と思えた瞬間がありました。そこからなかなか道が見つからなかったのですが、やっと辿り着いたのが京都左官技能専修学院だったのです。

壁の向こうにある美しさを感じたかった

今では左官の仕事はモルタル塗りやタイル貼りや土間仕上げなどが主であり、土壁の仕事はそう多くない。しかし、彼女たちがこうした出会いをしたのは、やはり土壁自体の存在感があってのことなのだろう。美しい庭をつくる造園の仕事を目指していたところから左官という全く違う道を選んだクミさんの次の発言は、壁という存在の奥深さを示す代表的な発言だった。

クミさん　私はもともと日本庭園の造園家を目指していたのですが、その時から、皆が共通して持っている、美しいものを美しいと認める感覚が大事だと思っています。そういう観点からすれば、輪島で参加した土蔵改修のワークショップでは、正直なところ左官自体に魅力は感じませんでした。ただ親方が、壁の向こうにある美しいものについて、ずっと語っているんですよ。

それを聞いて、そういうものを私も同じように美しいと思いたいなと感じました。それが左官になった理由です。10年を経た今では、あの時親方が語っていた「美しさ」について私なりの理解ができています。こういうものが美しいと、こういうものを目指していきたいという形があります。

自然を相手にする仕事の奥深さ

もう一つ、左官の大きな特徴は自然が相手だということがある。もちろん大工も木材を扱うという意味では自然が相手だが、現場で水を含んだ材料を扱うという点でも、また性格の異なるさまざまな土を扱うという意味でも、左官の方が自然が相手という表現がしっくりくる。5名の左官職も、異口同音にそのことの難しさと奥深さを語ってくれた。日本にしかない左官の技を習得しようと励んでいるアメリカ人のミエさんは、自然を相手にすることの大切さに言及した後、左官の難しさを語ってくれた。

ミエさん　土がどれほど優れた建築素材なのかを、私たちの祖先は皆知っていました。そして使ってきました。それが高々100年位でころっと変わってしまって。忘れているものが多すぎます。便利だからといって、本当は便利ではない材料に置き換えて、結局シックハウスを起こしたり、汚染の原因になったり。もう一度建築素材としての土を蘇らせること。それをできるのが左官だと思うんです。そういう意味で日本の左官に出会えて本当に良かったです。

――でも仕事は難しいでしょ？

ミエさん　簡単なことは一つもないくらい、全部難しいです。スピードを上げないといけないのだけれど、精度とスピードをどうやってうまく合わせるか。もし死ぬまで左官をやっているなら、死ぬまでずっと問題であり続けるでしょう。今幸いなことに職歴60年位の左官職と仕事をしているのですが、何か質問すると「わし、わからんわ」と言うんです。ずっと学びつづける心構えで仕事をしているんですね。逆に、これはつかんだと思ったら、実は違っている、ミスをしてしまうのが、左官の仕事の奥深さ。永遠の仕事です。そこが面白いと思います。

コンテンポラリーアートの世界からこの世界に入ってきたルミさんも次のように言う。

ルミさん　私も自然を相手にするところが独特な仕事だなと思っています。左官の材料選択やその配合は、土に限らずモルタルの場合でも、すべてに天候や季節の影響が出てきます。しかも、もろに仕上げに影響が出ます。それこそググって出ない正解っていうか、職人が育てる勘が大事になります。ベテランの人と一緒にやっていると、空を見上げて、もうすぐ雨が降るから、こっちの雲がこっちに流れているからそろそろやばいぞとか、本当に空を見ながら話しているんですよね。それを見ると、職人ってやっぱりすごいと思うし、長年自然相手に仕事をしてきたんだなって思います。5年の経験しかない自分は、その勘はまだ全然持っていません。でも、当たる確率が低いからこそ、当たった時にすごくやり甲斐を感じます。例えば、中塗りの水引き具合で上塗りの糊の量とかを調整していくのですが、それがぴったり当たった時などは本当に嬉しいですし、こういう時はこうですよという公式がないものを身に着けていく感覚がとても嬉しいです、自分のできることがすごく広がっていく感じがして。

技術的な難しさについて、元外務省のエリさんがより具体的に説明してくれた。

エリさん　技術で言えば、ルミさんが言うように、左官では水の引きのタイミングが一番難しいですね。それを見誤ると、きれいな壁は絶対できない。後は、真直ぐ塗るというか、こてを100%使い切ってきれいな壁を塗るという技術を、学校でも職場でもずっと言われ続けます。できるだけ定規などを使わずにこてだけでバッチリ行った時は、本当に気持ち良いです。

そう、左官と言えばこてだ。ただ、ものづくり人の世界が擦り減るなかで、その道具をつくるものづくり人の世界も痩せ細ってきている。5名の方々に聞くと、自分の手と塗りたい仕事に合わせて、幅、大きさ、首の深さ、柄の太さなどはオーダーメイドしてくれるところがまだあるとのことで、少々安心した。一人ひとりが揃えているこての数はいろいろだが、今回聞いた中ではクミさんが約60本、エリさんが約30本ということだった。

アメリカ人であることよりも女性であることで驚かれる

左官の世界も大工などと同様に、長い間女性が入職することのほとんどない世界だった。今回の5名も、入職にあたって、あるいは働き始めた後も、それなりの壁があったようだ。5年ほど前に美大を卒業して、左官の道を志したルミさんが口火を切ってくれた。

ルミさん　私が今の左官店に入った時には、既に女性の左官職人さんが2人いました。その2人は、最初すごく頑張って入ったみたいです。最初は社長も「女性はだめ」と言っていたらしく、2人は長い手紙を書いて説得して、入職することができたそうです。その2人がまじめに頑張っている姿を見て、社長の考えも「女性もありだ」というふうに変わったらしいです。ですから、私の後にも女性がたくさん入ってきています。そして見ていると、女性の方が割合長く続きますね。

長らく女性がいなかった業界だけに、トイレの環境や福利厚生面での待遇の改善が必要という具体的な要望はいろいろと出たが、男女の別なく新しい建築職人の世界を目指す上で変えていかねばならないことは、男社会のものの考え方だという意見も出た。まずは、既に10年の経験を持つクミさんが次のように語ってくれた。

クミさん　まだまだ上の方で仕組みを変えられるのは、残念ながら女性ではなく男性なので、例えば、現場にいる女性が自分の母親や奥さんや娘さんだったらどう思うだろうかという目線を持ってもらえると、いろいろな環境はもっと良い方向に変わると思います。

アメリカから来たミエさんが続く。

ミエさん　この男女の問題はワールドワイドに語られていることですね。ただ、アメリカでは土を使って家を建てようというのは、主に女性が活動している分野なんです。ところが、日本に来てみると、私がこんな白い顔をしているのに、現場でお施主さんやほかの職人さんに会うと、私の姿を見て必ず「あっ、女性だ」と言うんです。「あっ、外国人」じゃなくて、「あっ、女性」というのが先に来ることに驚かされます。それも毎回ですから。まさか現場に女性がいるなどとは思ってもいないということの表れですね。建設業界だけでなく、お施主さんの反応もそうでしたから、社会的な認識のあり様だと思います。直近の国勢調査だと、日本人女性の左官は1500人もいるみたいですが、いるのに見えていない。とはいえ男性に非があると言いたいわけではなく、現場文化的にみると男女双方に責任があると思います。現場では女性らしい立ち振舞いがあまり好ましく思われないので、いろいろと過剰に気にしてしまうんです。男性の世界だと遠慮してしまってなかなか自由にできず、普通には楽しめないところもあるわけなんです。でも私は男性でなく女性でしかないので、女性として仕事に向かう姿勢も問われていると思っています。

美大卒、経験5年のルミさんは女性としての心構えを語ってくれた。

ルミさん　女性が80％の力としてカウントされてしまうのはとても嫌です。日本の長い歴史の中で、建築業はずっと男性の仕事でしたし、自らそこに乗り込む新入りの私たちは120％努力して、やっと土俵に立つんだと思っています。女性が働きやすい環境が生まれつつあることが大変有難い反面、女性側も覚悟を決めて一緒に働かないと。

頼もしい限りである。この後、左官から見て駄目な大工の話、そこから派生して現場の整理整頓や段取りの重要性、そして狭いところ、低いところ、高いところと、いろいろな場所、いろいろな姿勢で作業をしなければならない左官独特の体幹トレーニング等について話が弾んだ。

美しいものを、つくりたい

最後に、将来こうなれたら良いなという希望について話を伺った。5名全員が明確な希望を持っていることには少々驚いた。「やりたいからやっている」という女性左官職らしさの表れだと思う。全員の希望に耳を傾けてみよう。

クミさん　私は美しいものが好きです。美しいものの中に、すべての真実があると思っているんです。左官というのは、私が美しいと思うものを表現する手段です。そして、左官を通じて人の心を豊かにしたい。今できなくても、何年かすると私はもっと上手に美しい壁をつくれるようになっていると信じています。具体的には、自分の趣味に一致するということで希少な茶道の仕事、人の心を動かすような数寄屋や炉壇の仕事がしたいです。体力的なピークにも男女差があるので、技術を生かしつつ成長していきたいですね。

ミエさん　私が最終的に目指しているのは、自然素材でつくる建築なんです。それに今まで日本で学んできた左官技術を組み合わせたらどんなものができるだろうか、それにチャレンジしてみたいです。その一環として今は、自分で手を入れて直していける古民家を探しています。

ルミさん　職人としてスタートして、職人として一人前になりたいんですが、その先には職人として得た技術をもってして、もう一度美術に立ち返り、建築や壁という形式にとらわれずに美しい左官を目指したいです。つくるものが壁でなくなるかもしれないのですが、左官というベースをきちんと持ったうえで、美術と左官の間で、良いものをつくりたいと思っています。

エリさん　土を使う部門では、水ごねと、聚楽の上塗り水ごね、磨きをマスターしたいですね。あとはよく町家の一部に洋館がありますが、あの洗い出しによる細かい細工や部屋の装飾といったレトロな仕上げができるように、少し昔の技法をマスターしたいです。あともう一つ、アメリカに行ったときにマーブルの技術を持つ女性の左官屋さんがいたんです。それがとてもきれいだったので、いつかそれをマスターしにアメリカに行きたいです。

カナさん　私は、蔵の戸前の細かい細工をやってみたいですね。戸前に漆喰でこて絵を描くのをやってみたいです。

歓迎はするけれど、勧誘はしない

最後に、今回お話を伺った5名の女性左官職の皆さんに、これからの女性の入職についても伺ってみたが、彼女たちの態度は共通していた。やりたいと言って来る人は歓迎するけれど、「あなた、左官なんかどう？　面白いわよ」というような勧誘はしないと言う。好きで来ないと続かないからだとのこと。

翻って彼女たちがどうして左官の世界に飛び込んだのかを思い出すと、そこには知らなかった左官の世界との感動的な出会いがあった。こてによる造形という、感動を呼ぶ成果を見せやすい側面もあるだろう。しかし建築職人の世界に共通することだが、人の心を動かすような作品を生み出せる機会は、いずれの職種においても減っている。能率のみを重視した、並みの仕事が増えているからだ。

これは建築職人の世界単独では乗り越えられない、現代の壁のようなものだ。こうした職人の力を引き出せる「場」を用意するのは、建築主や建築設計者にしかできないことだろう。日本の建築・都市の文化の基層が危ういのは、その文化自体が貧弱なものになってきていることにも原因がある。だから、本書がそうしようとしているように、建築職人ではない方々も含めてこの問題を認識し、自分たちにできることは何かを考える機会がとても重要なのだ。

3　技能者の再興——動き出した「女性職人の会」

「女性職人の会」、集まってみる

私は2021年に女性大工、女性左官約20名の方々とじっくり話をして以来、「女性職人の会」のようなものを立ち上げられれば面白いし、ものづくり人の世界の新しいうねりのようなものに繋がるのではないかと夢想するようになっていた。

そんなところへ、同じ2021年の秋に（一社）女性技能者協会という団体を立ち上げた女性電設工がいるという話が聞こえてきた。調べてみると、京都で電設工をやっている前中由希恵さんという人だということがわかり、早速連絡を取り、東京に来ていただくことにした。せっかくだから、女性大工や女性左官の方々も誘うことにした。

時は2022年10月下旬。場所は東京大学の私が所属する研究室である。平日の昼間ということで参加できる方は限られてしまったが、前中さん以外に、大分の女性建築士兼大工・小関公香さん、北海道の女性大工・柳原万智子さん（武部建設）、東京の女性左官・榎本留衣さん（あじま左官工芸）と平山美貴さんが参加して下さった（図3－2）。

インタビュアーも記しておくと、私、横浜国立

図3-2　左からインタビュアーの竹村由紀さん、筆者、大工の小関公香さん、大工の柳原万智子さん、電気工事士の前中由希恵さん、左官の榎本留衣さん、左官の平山美貴さん

大学准教授の江口亨さん、東京大学准教授の権藤智之さん、東京大学研究員で「つみき設計施工社」代表の河野直さん、東京大学大学院学生の竹村由紀さんと中馬百合子さんの女性2名。

またオンラインで参加してくださったのが、北海道の武部建設社長の武部豊樹さん、北海道ビルダーズ協会事務局長の中田浩司さん、そして大分大学教授の鈴木義弘さんである。

数少ない女性職人仲間の心強さ

参加者の自己紹介の後、女性技能者協会を立ち上げられた前中さんにその経緯を伺った。

前中さん　私は京都で電気工事士として働いています。経験年数は18年です。

――18年前に電気工事に携わり始めたのはどういう経緯ですか。

前中さん　高校卒業後に電気工事士になりました。電気工事士になりたかったかというと全然そうではなくて、もともとはアパレル職を目指して工業高校のファッション工学科に通っていたのですが、結局就職が決まらずで夢破れ、どうしようかなと思っていた時に、大阪で電気工事の職人を8~10人位雇っている親方とのご縁をもらって、「今度照明器具を大量に仕入れるから、箱をたくさん開けるバイトに来ないか?」と誘っていただきました。

――照明器具を梱包から出すのをやれと。

前中さん　そうです。電気屋さんになれじゃなくて、バイトに来いと。日払いで8000円もらえるということなので行ったのですが、そこで、親方や周りにいる親方の義弟の方にとても可愛がってもらって。「これもやってみるか、あれもやってみるか」と一緒に高所作業車に乗って器具をつけたり、圧着工事等をさせてもらったりしているうちに、気が付けば電気工事士の資格試験を受けるようにと、講習会も申し込まれていまして。

――バイトをしていたのはどの位の期間ですか。

前中さん　高校の卒業式前の2月からバイトで行って、6月には二種の電気工事士試験を受けました。資格が取れたらやはり嬉しくて、どんどん新しいことをやってみたくなり、気付いたらあっという間に3年、4年と経っていました。5年の実務経験が必要な第一種電気工事士の資格もすぐに取れました。この仕事って楽しいなと思っているうちに、すっかり職人になってい

図3–3　作業中の前中由紀恵さん（提供：前中由紀恵氏）

ました（図3－3）。

――周りには全くいなかったですか、女性の電気工事屋さん。

前中さん　いなかったです。ただ運が良かったのは、よく入っていたスーパーゼネコンの大きな現場で女性の左官屋さんに出会ったことです。同じ女性職人さんと話す機会が大きな支えになりました。

女性職人を支援することで建設業を変える

――そういう経験があって、若い女性の職人さんを応援したいと思うようになったのですね。

前中さん　そうですね。女性技能者協会は、女性の職人さんを全力でサポートする団体として立ち上げたので、就労環境や装備、現場文化や雇用形態、ライフプランなど、あらゆる女性職人の悩みに寄り添うことを目的にしています。とはいえ、女性が働く環境が整っていくことが、ひいては建設業全体の働く環境も良くするとも思っています。いわばそのための一つの方法として、女性職人のサポートに取り組んでいる感覚です。

――そんな活動をしようというのはいつ頃思われたんですか。

前中さん　団体を立ち上げたいと思ったのはここ2～3年ですが、それ以前からずっとおかしいなと思っていたことがありました。電気工事で言うと、図面の寸法に基づいて良い施工をするのが職人だろうと私は思っていたのですが、実際は、寸法が書かれていない図面を渡されて、「職人さんのセンスで」と済まされることがある。確かに、それができてこそ職人なのかもしれないけれど、そういう寸法の情報なしという状況で、職人たちが自分の技能を最大限に発揮できているのかどうかは疑問です。だから、職人として自分の技能を十分に発揮できる環境をつくりたいなとは思っていたんです。

――それは、本来電気工事技能者が身につける以外のことが要求されているわけで、それがおかしいんじゃないかということですね。

前中さん　そうですね。例えば横に設置される機械などの条件をそもそも知らされていないわけですから、知らずに寸法決めをしてやり直しが発生したりする。すると本来発揮すべき技能にかける時間が削られて、そちらも不本意な出来で終わったりするわけです。でも、そういうことを指摘できる立場ではないというのが、職人の現状です。

――そこでものを言える組織、つまり協会をつくろうということになったのですか。

前中さん　そうですね、女性をサポートするという考えに行き着いたのは、やはりまだまだ男社会だからですね。今はSNSで遠くの地域に住んでいる女性職人の方とも簡単に繋がれますし、直接会わなくてもそういう人の存在を知り、共通の話題で交流できることは心の支えやモチベーションに繋がります。そういうコミュニティをつくっていきたい。

――具体的にはどうやって協会を立ち上げたのですか。

前中さん　女性技能者協会を立ち上げる時、クラウドファンディングに挑戦しました。建設業界の中では皆、「まじで？ なんでそんな怪しいことすんねん」という反応でした。でも結果的には支援してくれて、なおかつ熱い意見を書いてもらえたりするわけですから、やって良かったです。

――当面協会でやりたいことは何ですか。

前中さん　例えば、国が進めている「建設キャリアアップシステム」（国土交通省が主導・監督して２０１９年４月に本格運用が開始された、建設現場従事者の就業履歴や保有資格をデータベースに記録・閲覧・管理するサービス）についてもいろいろと意見を言えるようになれば有難いですし、コロナ禍で感じた現場のあり方についても発言していければ嬉しいです。

――コロナ禍で感じたこととは何ですか。

前中さん　コロナ禍で、建設業を選ぶ人が減るのではないかという危機感を持っています。社会全体が在宅勤務・自宅待機と言っている時期も、建設現場は止まらなかったんですよ。止まったら止まったで不安なのですが、有事の際に自分たちで働き方を選べない環境は、あまり魅力的ではないのかなと思いました。この危機感も、横の繋がりがあれば何か解決策が見つかるかもしれない。他方で、コロナ禍では社会全体として女性の失業率が高かった事実からすると、建築職人が女性にとってのこれからの職場の選択肢になれたらとも思うんです。

「やれる人がやる」スピリットでつくった協会

――協会の立ち上げは1年前と伺いましたが、立ち上げた主なメンバーというのはどういう方々ですか。

前中さん　基本的には私一人で、周りに声もかけてアドバイスをもらいながら。皆さん職人として働いているので、なかなか時間がなくて。たまたま私は社長が理解のある会社の社員で、任された仕事をこなしているならば、時間の使い方はある程度好きにして良いという社長のもとで働いているので、できると思ったんです。社長の口癖なんですが、「やれる人がやる」という考え方です。だから私がとりあえず声を上げてやってみたら、そこからやり方はいろいろ見えてくるんじゃないかなと思っています。

――そこで、いきなり一般社団法人になったわけですね。

前中さん　そうでないと相手にしてもらえないと思います。そのおかげで、今年（2022年）の4月から工業高校で「竹あかり」という光の

図3–4　高校生たちによる「竹あかり」製作（提供：前中由紀恵氏）

演出をやることになりました。100周年の文化祭で灯そうよというプロジェクトで、3年生の実習の時間に講師として参加させてもらっています（図3－4）。また来年（2023年）には社会保険セミナーをやりたいなと思っています。社会保険って女性の職人にとってかなり縁遠いように感じていましたが、働き方が一人親方、社員、共働きの個人経営とかいろいろあって、社会保険はどうなるのかというところをまず知ってもらって、選択肢を広げてもらいたいと思うんです。この企画で助成金もいただけることになりました。これも社団法人として立ち上げたからですね。

――例えば社会保険関係のセミナーはどんな規模ですか。

前中さん　会場定員は10名、オンライン参加はとりあえず無制限という形で募集しています。現段階で参加表明をしている方は、職種で言うと大工さん、左官屋さん、塗装屋さん、電気屋さん、設備屋さん、建具屋さんと、いろいろな職種の方です。私の知り合いの方もいれば、そうでない方も多いです。

――平山さんには、以前女性左官の方々の集まりにも来ていただきましたが、あの集まりは、お互いにお知り合いのような感じでしたね。

平山さん（**左官職**）皆さん友達です。技能士の試験会場が左官の専門学校でもあったので、そこで知り合って、一緒に食事に行ったり、一緒にこての練習したり。京都は特に訓練校が組合を兼ねていて、繋がりやすい場所になっています。私がいる間は毎年1～3人ぐらいの女性が入校していました。

仕事と人生が両立できてこそ良い業界

前中さん　先程の寸法の話もそうですが、いろいろな点で職人にしわ寄せが来がちです。極端な話かもしれませんが、口約束だけで仕事をして結局お金をもらえなかったというような話もあります。そういうこともきちんと予防できてこそ経営者、一人親方だと思うんですが、何か軽く独立できる業界になってしまっています。職人も、そうした技能以外の部分を学んでいかないと生きていけない時代です。

――それでまず社会保険関係のセミナーから始めようと。

前中さん　それこそ今問題になっている一人親方扱い[*1]というのがあるじゃないですか。キャリアアップシステムの登録でも、おかしな扱いになっていることはあります。だから職人側がきちんとした知識を持つことで、そういう状況を変えていきたい。まだそこの意識は変わってないかなと思うので、私たちが発信していくのも大事かなと思っています。

図3–5　作業中の平山美貴さん
（提供：平山美貴氏）

――産休・育休はどうなっているんですか。

前中さん　職人の中で産休育休って広まらないですね、このままだと。やはり仕事と人生がどちらかに傾くんじゃなくて、両立できてこそ本当に良い業界になるのかなと思います。ですので、そういう部分でも、今後女性職人の方に寄り添ったようなサポートができたら良いなとは思っています。

――ほかの皆さんはいかがですか。

平山さん　女性職人はやはり少ないですし、そもそも私の周りにもいないので、一緒に仕事をする年配の方からも「どうせ辞めるんでしょ」って言われます。そもそも担い手として現場で期待されていないんですね（図3―5）。

――イメージできないんでしょうね、ずっと働く女性職人の姿が。

会の名前にあえて「女性」を入れた理由

前中さん　〝技術者（主に施工管理技術者を指す）〟の会は今までにもたくさんあったのですが〝技能者（主に大工、左官等の職人を指す）〟とは珍しいということで、今回立ち上げた女性技能者協会は、新聞にも取り上げていただきました。これをきっかけにほかの団体もどんどん立ち上がってほしいなと思っています。でも、会の運営は難しい。シングルマザーの女性職人も多くて、今回のクラウドファンディングの呼びかけに対しても、「前中さん、ごめんなさい。支援を早くしたいんだけど、次の給料が入らないと支援できません」とメッセージがくるんです。私がつくった会には、そんな人たちも皆参加してほしいと思ってるので、会費の設定も難しいです。

小関さん（建築士兼大工）　やはりそれぞれ学びたいことがあるので、今後企画案を出し合って講演会などを実施することを考えると、やはりあ

図3–6　米蔵を改修中の小関公香さん
（提供：小関公香氏）

る程度の規模の会として運営した方が良いとは思います（図3–6）。

柳原さん（**大工**）　女性が働くうえでは産休や育休は絶対切り離せない、無視できない問題だと思うので、そういうことに声を上げていくのは大切なことだと思います。ただ、女性特有の問題も伝えつつ、男性も仲間に入ってもらうのが大切かなって。私は今5年目で、男女含めて後輩が結構いるんですが、皆の悩みは女だから男だからというものでもないなと感じています。ですから、そこの男女の境ははっきりと区切るのではなく、ぼんやりとしたものでも良いのかなとは思います（図3–7）。

榎本さん（**左官**）　同じことを思っていました。話題に上がっていたテーマには、女性に限らないことも多いです。団体名に「女性」が付くと、フェミニズム的なフィルターがかかってしまう。柳原さんのおっしゃるとおり、現場の男性も同じく問題を抱えているし、育休なんかは今後男性にも関わってくる問題だから、女性の会長がやっていても、男女関係なく総合的に職人をサポートするという会の方が良さそうと思いました（図3–8）。

——　そうですね。でもそれも、ある程度成熟し

図3–7　建て方作業中の柳原万智子さん（右）（提供：柳原万智子氏）

ないと男性にまでひらけないのかなと思います

前中さん　そうなんです。女性技能者協会という名前はわざと付けたところも大きくて、女性から建設現場を変えたい、というコンセプトです。若い世代からすれば、女性だけというのは受け入れがたいかなとも思ったのですが、まずは私たちが女性技能者協会というのをつくって、最後は男女の別なくという形にできたら良いなとは思っています。ただ、やはり名前を付ける時もすごく悩みました。

平山さん　「女性」が名前に入っている方が良いなと私は思っていました。私が滋賀にいた時ですが、周りに女性は皆無で、京都にもたまに行きますが、当時は女性左官には出会わなかった。だから、いろいろ思い悩むこともあった時に、だれにも相談ができなかったんですね。じゃあ自分で女性の左官組合をつくろうかなと思ったこともあったんですが、それは構想止まりでした。それが今ここで一つ形になっているな、やっとできたなと思っているんです。だから「女性」が名前の頭に付いていることは非常に心強いです。

図3–8　作業中の榎本留衣さん
（提供：榎本留衣氏）

男女で職人としての能力の差はあるのか

――職人の能力としては実際どうなんですか、男女差というのは。

榎本さん　私は左官ですけど、結構フラットに扱ってもらえているなと思っています。

平山さん　私も左官ですが、最初の頃はバケツに材料をほかの人と同じように一杯まで入れていたら、「半分の量でいいよ、無理をしないで。そのうち力もついてくるから。体を壊すな」と言われました。

――なるほど、付く親方によっても違うのでしょうね。電気工事はどうなんですか。

前中さん　例えば、無理をすれば男性一人で分電盤を持って留められるかもしれないですが、私だとやはりしんどいです。ビスを打つ速さも全然違いますしね。

柳原さん　大工の場合もある程度は関係ありますけれども、まあそこは助けてもらうしかないという感じですね。大工特有だと思うんですが、私が大工として大事だと思っているのは、高いところに上がれるかどうかです。私の場合は良いきっかけがあって、ある現場で先輩大工が「上がれ」って言ってくださったんですね。何とか高いところに上がれるようになりました。実際、男性の先輩からするとやはり女性を上には上げづらいんですよね。落ちた時のことを考えるんだと思います。一方で力の面はもう仕方ないと私は割り切って、クレーンやチームに助けてもらっています。

小関さん　一番初めの現場はあざだらけでしたけど、それは新人なら皆通る道だし、毎日のことになると慣れてくるかなとは思います。ですので、特に男女差は気にせずです。

――とはいえ、ものをつくる道具の基準寸法などは、すべて男性仕様になっていたりはしますよね。電動工具の重さや握りやすさは、すべて成人男性基準になっています。作業服もそうです。ですので、本当はそういうところから直していかないといけませんね。

前中さん　私の場合、パナソニック電動工具のアンバサダーを受けていまして、意見を聞かせてくださいと言われています。

――長岡市の手工具メーカーなどが、女性ターゲットの大工道具セットを販売し始めていますよね。でも電動工具ということになると、製品の開発費と製造量が莫大なので、98％が男性技能者という今の日本では（国土交通省資料「建設産業における女性の定着促進」による)、動きにくい面があるのかもしれません。

ジェンダーを問わず職人になれる社会へ

武部さん(**武部建設**) 非常に興味深く聞かせてもらいました。やはり女性職人が少しずつ出てきていることを再認識しました。現場でもこの傾向は感じていますが、それでもまだまだ女性は少ない。この状況を変えるためにも、男女共通の一つの問題を何とかしていかないといけない。それは職人、つまり現場技能者と、設計者や施工管理者などの技術者との関係です。ものづくりの現場の中で、今は技術者が上で技能者が下というように見られがちですが、それを水平な関係に持っていかなきゃいけない。このあたりの実態や職人たちの思いを、ざっくばらんに交換できる場をつくれれば良いなと思います。

前中さん 今日のお話でも、若い世代の女性職人の方は現場で男女差をあまり感じておらず、ちゃんと「これはできないから手伝って」と言える環境ができてきていることを嬉しく聞いていました。昔の自分は言えなかったので。女性職人の環境もやはり変わってきているので、いろいろな人にもっと話を聞きながら、知恵を集めて活動を進めていきたいな思いました。

平山さん 今日は、求めていた女性職人の会ができたので、これからコミットしていきたいなと思ってます。私は、伝統的な左官は緩やかに衰退していくと思っているんです。でも、自分が今ここに左官として存在していることは、100年後200年後のためになっていると思っています。

榎本さん　左官以外の女性職人の方と話すのが初めてだったので、今日はほかの業種の方もいろいろいらして、面白いなと思いました。また、世代によってどんどん状況が変わっているということを知ることができたのは良かったです。

柳原さん　私は女性職人の会をつくるのは、社会へのアプローチとしてとても良いと思っています。この活動を足掛かりに、建築業界の若手職人全体のサポートに繋げていけるといいなと思います。

小関さん　文化財などの修理分野は、定期的に仕事がないと技能も技術も継承していかないので、行政も含めたネットワークづくりに興味があります。職人不足の問題も、まだ今だったらぎりぎり手を打てるのでは、という話も聞いているので、本当に今このタイミングというのが大事だなと、改めて思いました。

河野さん　考えてみれば、男性技能者98%、女性技能者が2%というのは異常も異常じゃないですか。何がハードルなのかなって考えながら聞いていました。労働環境とか業務そのものの話も大事なのですが、同時に一般の人が職人に対して持っているイメージみたいなもの、そこを突破しないといけないなと。そういう意味でも、協会の設立や発信に大きな意味を感じましたし、一個一個ハードルを乗り越えて、建築職人になりたい人であればジェンダーに関係なくなれる社会になればいいなと思います。

竹村さん　産業の仕組みはすべて、マジョリティである男性に合わせて設計されています。ですので2%の女性にとっては、本当につらい環境なんだろうなと思います。一方で、女性であるというアイデンティティを使って活動すると、女性だから下駄を履かせてもらっているとか言われることもありますよね。でもそうではなくて、逆に男性が社会的に履いている下駄を脱いでもらう、と考えたほうがいいと思っています。そのような考え方に変えると、「女性〇〇推進」という動きは当然だと思えるマインドセットがつきました。私たちが働きやすい環境になって当然だというスタンスで、ぜひ皆さんの働きやすい環境をつくっていただきたいです。

――今日のお話を踏まえて、今後も皆さんと一緒にできることを考えてみたいと思います。

＊1　一人親方は労働基準法上の労働者とは見なされないことに伴い、労働者の権利はないものの、実質的には労働者である。このことによる保険加入率の低さ等、いろいろな問題がしばしば指摘される。

4章

コミュニティ大工
——〝面白さ〟こそがものづくりの原動力

1　鹿児島のコミュニティ大工・加藤潤氏の働き

41歳で移住、タツノオトシゴ養殖をしながらまちづくりに勤しむ

大工ではない、いわば素人のDIYerが「コミュニティ大工」と称して空き家再生にバンバン取

り組んでいる面白い地域が、鹿児島にある。そんな話を少し前から耳にしていたが、コロナ禍が続いていたこともあり、なかなか現地を訪ねられずにいた。ようやく鹿児島行きがかなったのは2022年の夏至の頃。思い切って行った甲斐はあった。鹿児島の「コミュニティ大工」が想像以上のものだったからだ。

その人、加藤潤さんは50歳代半ばの実に元気の良い男性だった。まず経歴が面白い。41歳になるまで、加藤さんの人生は鹿児島とは全く関係がない。埼玉県出身の加藤さんは、大学卒業後、石油会社、商社、住宅メーカーに勤めていたが、何故か41歳の時に弟さんの誘いもあって、縁もゆかりもない鹿児島県頴娃《えい》町に移住し、タツノオトシゴの養殖事業を始めた。そして、長年空き家だった〈竜宮苑〉という名のレストラン跡を利用して、タツノオトシゴ関連の観光施設を立ち上げた。この頃から加藤さんは、NPO「頴娃おこそ会」を通じて頴娃町での観光まちづくりに関わり始める。その結果、かつて観光地でなかったこの町が、いまや年間15万人程が訪れる観光地になっている。

加藤さんはもともとDIY好きで、若い頃に築23年の中古住宅を購入し、DIYで改装を続けていた経験があった。長年空いたまま放置されていたレストラン〈竜宮苑〉跡の建物も、自らDIYで改装した。頴娃町に引っ越してきた時には、家探しすらも苦労したそうだが、何とか空き家を見つけ、自分で家主と直接交渉しＤＩＹによる改修を行ったという。

これらのＤＩＹによる空き家改修を通じて、その楽しさを実感し、自分には「やれる」という確信をもった加藤さんは、いよいよ自分以外の他人が使う空き家を改修するという新たな活動領域に踏み出していくことになった。最初に手掛けたのは、築１００年の町家の再生。観光まちづくりとして成果を上げていた頴娃町の商店街活性化プロジェクトで出会った空き家だった。その改修プロジェクトにおいて加藤さんは、ＮＰＯ「頴娃おこそ会」のメンバーや地元大学の建築学科の学生を交え、片付けや改修工事にセミプロDIYerとして参加するとともに、プロジェクト全体のマネジメントも行った。２０１４年のことである。放置されていた築１００年の町家は、新たな交流・宿泊施設〈塩や、〉に姿を変えた（図４－１）。

それから２０２０年までの６年間に、加藤さんは10棟もの

図4–1　改修後の〈塩や、〉（提供：加藤潤氏）

空き家の再生を手掛けることになった。場所も顕娃町にとどまらなくなった。その経験から、地方での空き家再生にはそれに合った方法が必要であり、自分たちの実践はまさにその空き家再生の新たな方法だという確信を強くしていったという。

まちづくりの視点で空き家再生を始める

実際、地方で放置されている空き家は、都市部の不動産業がカバーしている業務範囲だけではどうにも動かない。一般の不動産流通と捉えるとそもそも経済的に成り立たない。だからこそ長年放置されてきたのである。それに対して、加藤さんはまず、空き家再生にまちづくりの視点を導入する。まちづくりの視点とは、まちの課題や困りごとに寄り添う〝地域連携〟の姿勢であり、物件の背後にいる所有者との交渉こそが、家探しのスタートなのである。そして、そこにプラスαとして不動産業的な契約書の作成、大工仕事的なＤＩＹを加えて、それらすべてのサービスを、借り手がワンストップで利用できるようにしておく。古い空き家を貸せる人、借りたい人はいるので、そういう人たちを見出し仲介したうえで、建物を「なおす」仕事も手掛ける、という発想である。

こうしたワンストップ・サービスの空き家再生経験を積み重ねるなかで、加藤さんのDIYerとしての能力は、現場全体のマネジメント能力とともに研ぎ澄まされていった。もちろん、主たる構造部分である柱や梁を大きく触ったりする時には、本物の大工の手も借り指導も仰ぐが、大抵の工事は迷わずこなせるようになった。この空き家再生プロジェクトが加藤さん自身の活動の中心になってきたところで、加藤さんが自分の活動形態に付けた名称が「コミュニティ大工」だった。

コミュニティ○○という肩書

まともに修業をしたこともないのに「大工」を名乗るのはプロに失礼だし、一方で、大工以外の地域連携や不動産関係の業務も手掛ける点では、従来の「大工」の枠には収まらない。そこで加藤さんが参考にしたのが、島根県雲南市から始まり、今や全国で１００名を超す人がそう名乗っているという「コミュニティ・ナース」。Community Nurse Company株式会社のＨＰには、その定義が次のように書かれている。

『人とつながり、まちを元気にする』コミュニティ・ナースは、職業や資格ではなく実践のあり方であり、「コミュニティ・ナーシング」という看護の実践からヒントを得たコンセプトです。地域の人の暮らしの身近な存在として『毎日の嬉しいや楽しい』を一緒につくり、『心と身体の健康と安心』を実現します。

こうして、ものづくりの未来をひらくまったく新しいタイプの職能、「コミュニティ大工」が鹿児島の地に誕生した（図4－2）。

素人主体の工事チームと関係人口の創出

それでは、コミュニティ大工の加藤さんがマネジメントする空き家再生の現場はどんな様子なのだろうか。今回鹿児島で見学させていただいた3件のプロジェクトをご紹介しておこう。

1件目は、鹿児島県霧島市北西端、横川町の中心部に立つ築約90年の空き家をカフェ＋ショップ〈横川kito〉に仕立て直したプロジェクト（図4－3、4－4）。空き家の借主であり、今回の施主である白水梨恵さん（図4－5）は鹿児島市出身だが、大分の大学を卒業後、東京のIT企業とソーシャル・ビジネスのNPOで働いて鹿

図4-2　コミュニティ大工・加藤潤さんの説明図（提供：加藤潤氏）

児島市にUターン。まちづくり中間支援の一般社団法人に勤め、地域活性化の企画業務で霧島市と関わりを持つようになり、今は霧島市に住んでいる。3児の母親でもある白水さんは、2020年の台風で元は立派であったろう横川町の町家たちが崩壊していく様子を見て、「このまま廃れていくのはもったいない。まずは駅前通りの空き家を活用して、まちの人の流れをつくる拠点はできないか」と考え始めたという。そして出会ったのが、もともと下駄屋だった築約90

図4-3 〈横川Kito〉の施工作業一場面。お子さんも参加（提供：加藤潤氏）

図4-4 完成した〈横川kito〉（提供：加藤潤氏）

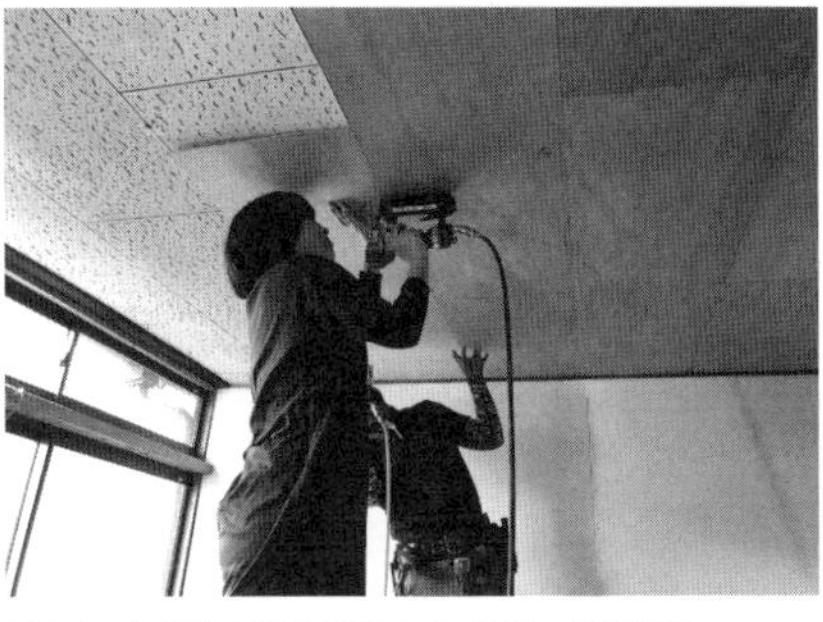

図4-5 作業中の白水梨恵さん（提供：加藤潤氏）

年の空き家。改修は自由で、契約終了後に元に戻す必要もない建物だった。

この建物は何とかなるのか、またどのくらいの予算でカフェ＋ショップに改修できるのか。白水さんは、鹿児島の地域活性化や空き家活用の分野では、そのユニークな活動が知られていた、そして面識もあった加藤潤さんに相談した。ここからコミュニティ大工の活動は始まる。施主の白水さんはもちろん、知り合いでDIY改修工事をやってみようという人、更には加藤さんの空き家再生工事仲間の方々が、次々に現場にやって来る。白水さんによると、2020年5月から1年の工事期間に、地元内外の50名の人が現場仕事に関わってくれたらしい。平日は主に、白水さん以外はプロの大工数名が、土日のワークショップには多くの素人が集まった。コミュニティ大工の加藤さんは、日々人数もメンバーも変わる素人と玄人の混成集団を臨機応変に組織し、ゆっくりとではあるが着実に工事を進める。相当な経験が必要な役目である。

この1階部分の総工費は350万円程度。幸い銀行融資もついた。私が伺った時は、開業1年強。「外から人を呼ぶ」という基本コンセプトの狙いどおり、約半数が鹿児島市等の市街地からの客で、「横川には初めて来た」という人も多いとの話。そして、このカフェ＋ショップの順調な滑り出しとともに白水さんが収穫だと語ったのは、地元内外の混成チームが強力な関係人口創出に繋がったということ。加藤さんが、施主はもちろんのこと、多くの素人を現場作業に参加させる狙いもそこにこそあるのだろう。最後に白水さんは「2軒目の空き家事業化も始まっています」と嬉しそうに報告してくれた。

草野球チーム的な改修工事で、地域はハード面でもソフト面でもパワーアップ

2件目は、大隅半島の南部に位置する南大隅町根占《ねじめ》地区で、牛舎付き築70年の空き家を自身の住戸と集会施設・宿泊施設に改修した〈栗のや、〉というプロジェクト（図4－6）。施主は有木円美さん。彼女も白水さん同様、鹿児島市出身。県内で出会った農家レストランという場とグリーンビジネスに興味を惹かれ、農村地域で働くことを希望するようになった。加藤さんとはこのタイミングで出会った。加藤さんたちのアドバイスもあってのことだろう、2017年からは地域おこし協力隊として南大隅町に移住している。隊員としては3年間、体験・民泊の企画・運営に当たっていた。その際に住み始めたのが、のちに〈いなかを楽しむ宿 栗のや、〉として改

図4-6 根占〈栗のや、〉の施工作業一場面。女性3人で仲良く。中央が有木円美さん（提供：加藤潤氏）

修することになる民家である。

この物件との出会いも面白い。移住前に参加した老若男女の飲み会で、「ローカルな取り組みが好きなら、移住者を受け入れたい地域に住んだ方がいい」とアドバイスをもらい、更にその場にいた南大隅町のおじさんから「海か山かまちか、どこに住みたい」と聞かれ、「山に住みたいです」と答えたら、2年間空き家だった築70年の牛舎付き住宅を紹介されたのだという。

地域おこし協力隊として移住する場合、自治体から家賃が支給されるのだが、例えば空き家の家賃がほとんど無料だったり、地域おこし協力隊の想定家賃よりも格段に安価な場合には、その差額で改修工事を進めることができる。加藤さんが時々用いる方法だ。有木さんの築70年の空き家の場合も、この方法によって浄化槽の設置、水洗トイレ化、畳の張替え、敷地内の小屋の解体、家財の処分を進めることができた。実際の作業にあたっては、地域の人たちが随分助けてくれたという。

これらの改修工事が一段落したところで、有木さんは次のように考えた。「広くて文化財みたいな古民家と、何だか使えそうな牛舎。自分が暮らしているだけではもったいない。用途は決め切っていないけれど、いろいろな人が集まれる場所をつくりたい。そして、自分も含めていろいろな人が関われる改修現場にしたい。今ある資金でできるところまでやってみたい」と。

この段階で、相談できる相手は加藤潤さんしかいない。そして、有木さんも参加して、コミュニティ大工・加藤さんのいつもの草野球チーム的な改修現場が始まった。大工仕事は全く初めてという近所の人も含めて、地域内外のさまざまな人が加わる混成チームによる改修工事。有木さんはこれが面白くてたまらなくなった。その結果として、自分の〈栗のや、〉プロジェクトだけでなく、コミュニティ大工見習いとして、加藤さんの関わるほかの現場工事にも参加するようになった。

コミュニティ大工による空き家再生の価値を、有木さんは次のように言い表している。「自分にできることから家づくりに関わることができる嬉しさを分かち合え、ともに汗を流し、同じ釜の飯を食べ、言葉を交わすというかけがえのない時間を生み出し、たくさんの人が応援したくなるような地域への思いを工事で表現でき、空き家再生を通じて地域がハード・ソフト両面でパワーアップできる」と。そして、コミュニティ大工の楽しさについて聞くと、自分が成長する楽しさ、交流し世界が広がる楽しさ、だれかの力になる楽しさ、そしてこれからの夢が広がる楽しさがあると力強く答えてくれた。有木さんは最後に、こういう場に参加できていることを心から感謝していると締め括った。

コミュニティ・ナースも学んだ現場

3件目は、鹿児島県中央部の始良市蒲生町の古い民家を「まちの保健室」のような、人との繋がりを感じてほっとするような場に仕立て上げる〈結庵《むすびあん》〉プロジェクト（図4－7）。施主の山之内せり奈さんは、まさしく「コミュニティ・ナース」。11年間看護師として病院勤務したが、自身の「コミュニケーションを通して入院中であっても安心感を感じてもらいたい」という看護の理想と、ゆっくりと患者の話を聞けない現実との間でモヤモヤが募り、思い切って自分で「まちの保健室」をつくり、コミュニティ・ナースになろうと決意した。

利用したい空き家はあった。看護師仲間の元実家で、山之内さんもよく遊びに来た思い出の場所でもあった。ただ、空き家になって相当に傷んでいるこの建物をどうすれば良いか、見当もつかなかった。そこで同級生の友人から紹介されたのが、コミュニティ大工の加藤潤さん。「空き家再生界のレジェンドで『コミュニティ大工』というのは面白そう」ということで、プロジェクトのとりまとめは加藤さんに依頼した。

現場は、予想を遥かに超えて面白く楽しいものだった。加藤さんの仲間に山之内さんの友人や

図4–7　蒲生〈結庵〉の施工作業一場面。山之内せり奈さん親子（提供：加藤潤氏）

看護師仲間たち。毎日4～10人程が集まり、「初めまして」の人と一緒に作業をする。大工仕事をした人は30名以上。差し入れや応援などを含めると、50名近い人が場づくりに参加したことになる。

山之内さんが、このプロジェクトに参加した感想をまとめてくれた。一つ目はものをつくり上げることの達成感。これまで大工仕事などやったこともなかった自分にこんなことができるなんて、という驚きもあったという。二つ目は、皆で助け合い、楽しみながら一つのものを完成させる「わくわくの共有」。三つ目は、古いものが手を加えることでこんなにも変わるんだという感動。そして、四つ目は学び。床を剥がし、天井裏に手を入れる。当たり前に住んできた〝家〟というものがこんな風にできているのだと学び、また見たことも触ったこともない工具の使い方を学んだ。

実は、山之内さんが一番好きだったのは休憩タイム（図4－8）。自分が用意したり、だれかが差し入れてくれた美味しいものを食べながら、皆で将来を語り合ったり、加藤さんのいろいろな経験談を聞くのが毎日の楽しみだったそうだ。では、加藤さんのいろいろな経験談やコミュニティ大工としての振舞いからどんなことを学んだかを尋ねてみた。一つ目は場づくり。初めての人が溶け込みやすい雰囲気づくりであり、工具の使い方や家のこと、作業方法を丁寧に説明してくれる。すると、次に新しい人が入ってきた時、自然とそれぞれの人が先生になって伝えていけるチームになっているのだという。二つ目は現場力。端的に言えば、型にとらわれずできる方法を臨機応変に考えることであり、その背景には、素人混成チームが「あれもこれもできない」と言っていたら楽しくなくなるという認識がある。そして、三つ目はコミュニケーション。安心感を与える誉め上手な会話であり、皆が気持ちよく参加できる声かけである。

最後に、山之内さんは今回の自分の経験を次のように総括してくれた。「もともと人が生活していた場所に皆が手を加え、つくり上げる過程で、更に愛着や暖かさが加わり、素敵な空間になった。人との繋がりや自信、安心……さまざまなものを得ることができ、人としても成長できた」こう言われれば、コミュニティ大工も本望だろう。

図4-8　蒲生〈結庵〉の休憩タイム（提供：加藤潤氏）

施主が参加することの重要性と、「ゆるさ」の強さ

コミュニティ大工・加藤潤さんの活動の新しさ、先端性を語るのに、この三つのプロジェクトだけでは不足かもしれない。が、私が重要だと思うその特徴は、すべて今回紹介したプロジェクトに表れていると思う。特に重要なのは、施主自身が改修工事チームに参加して楽しむという点である。

施主自身にとっても、工事に参加することはある種の自己実現であり、あるいはチーム・スポーツに似た楽しみであるようで、決して工事の質の向上を意味しない。加藤さんによれば、要求される工事の質、例えば、各部の納まりや仕上げの精度は、そのプロジェクトで発揮される施主自身の技量によって決まることが多い。だから、それは決して高い要求レベルにならない。だからと言って、皆が手を抜く訳ではないが、胃がキリキリするような品質管理が求められることはない。

この施主自身が工事に参加する、更には毎日「初めまして」の人が作業に参加するという習慣からすると、コミュニティ大工と施主の間の契約は、一般に住宅メーカーや工務店と施主が交わす契約とはかなり異なっているはずだ。少なくとも、工事の完成形や工期や総工事費を約束し、完成物を引き渡すまで費用は業者が立替えるという一般的な工事請負契約には当てはまらない。

この点について加藤さんに聞いてみると、数日から1週間の単位で小分けして作業計画も組むし、かかった費用の請求も同様であるそうだ。そして、予算、工期、完成図は決めず、臨機応変に対応するのが基本だとのこと。これは、施主自身が工事現場を経営する「直営」という方式の一種と言えるかもしれない。戦前の裕福な家では、材料費も職人の賃金もすべて施主自身が支払い、大工たちに立替払いをさせないことを原則とした施主の「直営」がしばしば見られたようだが、最近ではほぼ見られなくなっていた。それが、施主が工事そのものに関わり、責任も持つ加藤さんの方式で、復活しているのだとも言える。そして、この臨機応変を旨とする「直営」が、コミュニティ大工の組織する素人も交えた工事チームに、無用な緊張感を与えず、「楽しい」と思わせる伸び伸びした環境を成立させているのである。

私の頭に浮かんだ象徴的な言葉は「ゆるさ」だ。完成形も工期も予算も決めないゆるさ。施主の技量で要求される施工品質のレベルが決まるゆるさ。子どもも含めてだれでも参加できるゆるさ。まさに遊び仲間のように、毎日一緒に食べ、語る時間を欠かさないゆるさ。多くの現代人が潜在的に求めているとも思えるこうしたゆるさを皆に実感させながらも、実際には、ぼんやりとしていた施主の気持ちに応える完成形を生み出しているコミュニティ大工・加藤潤さんの活動形態には、舌を巻くほかない。ものづくりの未来を語ろうとした当初、私が全く予想していなかった「コミュニティ大工」という職能と、そのコミュニティ大工が組織する素人玄人混成現場工事集団の出現。ただただ驚き、そして自分の想像力のなさを恥じ入るばかりであった。

2　コミュニティ大工が地域を越えて展開し始めた

コミュニティ大工養成というテーマの地域おこし協力隊制度

加藤さんたちのコミュニティ大工という考え方は急速に普及し、実践の場も増えている。最初の鹿児島訪問から5カ月後の2022年11月末、加藤さんに再びお話を伺う機会を得たが、5カ月の間に進展している事柄がいろいろとあって、期待していた以上のお話を聞けた。

まずは、コミュニティ大工の養成。これについては、加藤さんたちによる空き家再生の実績を知っている南九州市が、地域おこし協力隊制度を動かすにあたって、コミュニティ大工養成をテーマに募集をかけ始めたとのことであった。基本的には空き家再生が狙いであり、その面でのコミュニティ大工の実績が評価されているわけだ。

空き家に関しては、全国各地の自治体が「空き家バンク」を運営し、不動産情報の提供や、その後の不動産売買契約の支援において一定の成果を上げているようだが、一般的には、賃貸よりは、空き家の売買が中心となりがちで、賃貸は少ない。しかし例えば南九州市に移住するために、いきなり空き家を購入するというのは、移住者にとってはハードルが高すぎる。「まずは試しに借りて住んでみたり、使ってみたりできる賃貸の空き家が必要だ」と加藤さんは言う。

自治体運営の空き家バンクが賃貸にまでなかなか手を広げられないのは、手間がかかるからだ。まず空き家を貸し出すと、建物の経年劣化に伴う事故が発生した途端、貸主に瑕疵責任が生じる。このことを心配して貸すことに踏み切れない所有者が多い。だから、建物の状況をチェックして、そもそも問題が発生しないようにケアすること、あるいは建物の補強など、事故発生を防ぐために必要な修理策を講じて、その心配を無用なものにする必要があるわけだが、空き家バンクを運営する自治体だけではそこまで手が回らない。他方で、こうした空き家は賃料をそう高く設定することができない場合も多く、仲介業務なども一般の不動産業のビジネス・ベースには乗りにくい。

加藤さんはこれまでの空き家再生において、まさにこうした空き家の賃貸化に必要なケアを実践しており、それが「コミュニティ大工」を名乗る一つの理由にもなっていた。そのことを南九州市が認めたのだろう。地域おこし協力隊制度と結び付ける形で明確にコミュニティ大工の養成を進めることにしたようだ。現在も人材募集中だそうで、どんな人が応募してくるのか、楽しみである。

県庁内にできたコミュニティ大工クラブ

もう少しカジュアルな活動としては、趣味としてコミュニティ大工に取り組む人の増加を挙げることができる。

加藤さんの現場に必ずといって良い程参加している鹿児島県庁の職員の方がいる。この方は、コミュニティ大工による工事現場が楽しくて、休日でもいわば趣味として参加しているそうだが、そうした活動に触発されてか、県庁の上司や同僚も参加するようになった。そして、そうした機会にこの活動の面白さを知り、もっと続けてみたいと思うに至った方々が集まり、「コミュニティ大工クラブ」の立ち上げを宣言したらしい。2022年11月の時点でメンバーは10名程。クラブのメンバーは鹿児島県の職員に限らず、世間一般に開かれている。これはもう完全に草野球チームのノリである。

空き家の売買を担う新会社の設立

もう一つ、この5カ月の間の大きな変化は、空き家の売買を担う「㈱まるのこラボ」の立ち上げである。2022年9月のことらしい。

これまでの加藤さんたちの空き家再生活動は、先述したように空き家の賃貸化とともにあった。ただ、相談の件数が増えてくるなかで、空き家を買い取らなければ話が前に進まないようなケースも出てきたと言う。ここでの問題は登記である。一般的に、土地・建物の基本情報は役所が固定資産税関係でかなり明確に把握しており、この点は問題ない。また土地も一般的に登記はされており、この点も難点はそう多くない。問題は〝建物〟の登記である。

未登記であったり、名義変更や、増改築、倉庫や納屋の設置を申告しておらず、登記内容と実態が異なる場合は、売買ができなかったり銀行融資が受けられず、かなり扱いに苦労するという。ここをどう処理するかはケースバイケースだが、一般的な不動産業者や司法書士からは売買の断念を進められたり、それでも建物の登記を進めようとすると、その費用や煩雑さから結果的に断念せざるを得ないケースも多いという。

この対応をどうするかについて、加藤さんの現場にも通い大工仕事を共にすることで仲間になった〝コミュニティ不動産屋〟や〝コミュニティ司法書士〟からのアドバイスを得ながら、建物の登記は行わずに契約書を交わすのみで売買し、加藤さんがリスクを取ってまずは空き家の活用を優先することで実際に問題が起こらないものか、売買経験を積み重ねていくしかないというのが加藤さんの結論だ。

増えるコミュニティ大工と電動工具の確保

コミュニティ大工による空き家再生については、全国的に関心が広がりつつあり、加藤さんも何度か出張講演し、ある出張先では人材育成の、いわば合宿形式のスクールのようなものも始めている。ただ、コミュニティ大工は大工である。建築工事の基本的なスキルは欠かせない。これから広がる可能性のあるコミュニティ大工の養成においても、短期集中型の、例えば3日間の合宿形式のスクールでは、このスキルの部分までは到底教えられない。だから、それはスクール参加の条件、あるいは他所での実践参加などを前提としなければならないだろう。

そんな実践参加によってコミュニティ大工に育ったのが、前節で登場した有木円美さんだが、これまでに既に3軒の空き家再生をプロデュースしている。これから工事段階に入るプロジェクトもあり、加藤さんも参加する予定だが、今加藤さんの頭を少々悩ませているのは、丸鋸やインパクト・ドライバーを初めとする電動工具のこと(図4－9)。これまでは加藤さん自身のプロジェクトだったので、自ら年数をかけて揃えてきた電動工具を使ってもらえば良かったのだが、新たに育つコミュニティ大工が自分のプロジェクトを持つようになった時、最低限必要な電動工具だけでも一気に揃えるとなると、それは過度の負担になってしまう。そんな時のために、電動工具を使わずにできる手仕事の技能を身に付けてもらうのが良いのか、それとも電動工具のレンタルの仕組みを整備するのが良いのか、そこで悩んでいるのだと言う。

当面のコミュニティ大工の展開段階においては、工具メーカーなどとも連携しながら、電動工具レンタルの仕組みを確立していくことが望まれるというのが、私の意見である。

図4–9　コミュニティ大工・加藤潤さんの道具（提供：加藤潤氏）

いずれにしても、コミュニティ大工の世界が着々と広がっていることは心強い限りである。

3 ものをつくりたい人たち
――DIYがひらく建築業界の裾野

自由と責任を直感させる「do it yourself」

私がまだ中学生か高校生だった頃、小学校からずっと使ってきたノートというものが型通りで窮屈に感じられ始めた時期があった。もう大学生だった兄の影響だったかもしれないが、いわばノートの1頁1頁がバラバラになり、左端に連続的に穴があいているルーズリーフとそのバインダーという組み合わせが、自由でより大人びていると感じた。最初に手にしたのは、半透明のプラスチックカバーの中に、黒地に白抜きで大きく「do it yourself」と書かれた紙が差し込まれているものだった。今検索してみると、スケッチブックで知られるマルマンという文具メーカーが、

1971年に発売したルーズリーフバインダーだったようである。

私が手にしたのは、この発売の1～2年後だっただろう。「do it yourself」という言葉もロゴも印象的だった。「自分でやれよ」。自由と責任の両方を直感させるものだった。実際には、この「do it yourself」と書かれた紙の代わりに、自分の好きな絵や写真を差し込むという、このバインダーの使い方自体をも意味していたのだと思う。私も慣れてくると、「do it yourself」と書かれた紙を抜き取り、代わりにデビューしたてのオリビア・ニュートンジョンの写真など差し込んでみたりしていた。型通りのノートの世界からは、随分と自由な世界にステップアップしたような気がしたものだった。「do it yourself」のお陰で。

「自分でやろう」の精神を産業化したアメリカ

この「do it yourself」という言葉は、第二次世界大戦後の荒廃したロンドンで、故郷の復興を望む元軍人たちが、「何でも自分でやろう」と声を掛け合い、再建のために働いたところから出てきた言葉だと言われている。その言葉（D・I・Yあるいは DIYと略されることも多い）とそれが表す「自分でやろう」精神は、その後欧州とアメリカに伝わっていったのだそうだ。

アメリカの動きは速かった。例えば、1954年8月2日号の『TIME』誌の特集タイトル

図4–10　『TIME』誌1954年8月2日号「DIY特集」の表紙

は「DO. IT. YOURSELF　The new billion-dollar hobby（ＤＩＹ　新たな数千億円趣味市場）」（図４－10）。芝刈り機に載った男性（お父さん）が、さまざまな工具を手に、自動車を直し、庭木の枝払いをし、家の壁を塗り替え、木材の加工をし、釘打ちもしているというような、いわばＤＩＹ千手観音的なマンガが表紙を飾っている。このマンガが表現しているのは、ＤＩＹが趣味としてのめり込める分野であることだけでなく、多くの工具（その大半が電動工具）の需要の大きさである。遅くとも１９５４年のアメリカでは、「自分でやろう」精神を趣味の領域に持ち込み、いわば産業化する動きが始まっていたのである。そして、このマンガを見る限り、最も多くが期待されていたのは、家の模様替えや修繕といった分野のようだ。つまり建築のものづくり世界にＤＩＹという新しい生活文化が少なからず関わり始めたのである。

アメリカのホームセンターでは家を建てるのに必要なすべてが揃う

アメリカにおける住宅建築分野でのＤＩＹの産業化とその規模の大きさを、私自身が肌で感じたのは、1990年代にアメリカ人に連れていかれた全米に展開する巨大ホームセンター「Home Depot」の1店舗においてだった（図4－11）。広大な駐車場。巨大倉庫そのもののような建屋。中に入ると、合板、セメント、便器、ドア、規格製材、キッチン、洗面化粧台、床仕上げタイル、ペンキ、瓦、窓、建具金物、電動工具……数えればきりがない程の種類の建材や道具が置かれている。およそ家を建てるのに必要なすべてのものは売っている。今でこそ、日本にもこういう品揃えの大規模なホームセンターが見られるようになってきたが、1990年代は比較すべき店が日本には全くなかった。見たことのない大きさのカートに、客たちが選んだ建材を入れてレジに持っていく。大きさは違うが、ここはスーパーと同じ。皆カードか現金で支払いを済ませ、自分の車のところまでカートを押していく。

ここで面白いのは、日本で言えば工務店にあたるビルダーも同じようにホームセンターで建材を購入しているということ。プロ向けの割引位はあるのかもしれないが、基本的にはDIYで工事をする素人と、業務として日々工事をしているビルダーが、同じものを同じ価格で買っている。日本では考えられないことだった。日本では、プロ向けの流通・決済のシステムは、DIY向けの流通・決済のシステムとは全く異なるものだった。DIYがアメリカのように生活文化として定着し大きな市場を形成すると、プロのものづくりのあり方自体も大きく揺さぶられる予感に、とても興奮したのを覚えている。

出口を出て振り返ると、DIYをする人向けの実践講座の案内が出ていた。基本的には毎日、皆が仕事を終えた19時から、曜日によって「月曜日：あなたは床のビニルタイルを貼ることができるようになる」というように、講座内容が決まっている。おそらく、この講座を受ければ自分の家を自分で模様替えをするのに、どういう材料をどの程度購入すればいいのかも明確になり、必要な工具も含めて手に入れて家に帰ることができるのだろう。

ホームセンターを案内してくれた友人の家に行ってみると、地下に彼自慢の作業部屋があった。電動工具が揃っていて、壁には日本に行った時の土産で買ってきたという大工道具が誇らしげに飾られていた。まさに趣味の城。多くのアメリカ人が、DIYという趣味のためのこういう空間を持っているのだろう。1954年に『TIME』誌が予言した「数千億円趣味市場」は、その規模を超えて現実のものになっていた。

図4-11 1990年代アメリカの大規模ホームセンターの材木売場

広がる日本のＤＩＹ市場とＳＮＳ

１９９０年代当時の日本は、アメリカのそれとは随分違っていたが、今では大規模なホームセンターが各地で身近なものになりつつある。実際、日本ＤＩＹ・ホームセンター協会の調べによると、ホームセンターの数は右肩上がり、２０１９年の時点では４８００店を超えた。ただし、その売上げ高の総計は21世紀初頭から横這いで、概ね年４兆円というところである。

このところの目立った動きと言えば、自ら発信するDIYerの登場だろう。今からもう10年程前のことになるが、北九州で開催した「リノベーションスクール」の中に「ＤＩＹリノベ」のコースが初めて用意されたことがあった。そのコースには、私の知っている神戸芸術工科大学の女子学生が参加していたのだが、４日間続いた「リノベーションスクール」の最後の打上げ時に、私のところにやってきて「あの〝クメマリ〟さんが来てるんですよ。本当の〝クメマリ〟さんが。私、感激で涙が出ちゃいました」と言うのである。その人物を全く知らなかった私は「〝クメマリ〟？　だれ？」と聞き返した。「そこにいらっしゃいますよ」ということで、その知らない〝クメマリ〟さんと初めて挨拶を交わした。関西に住む若い女性だったが、いろいろ聞いているうちに、さまざまな部屋の模様替えの方法をネット上で紹介しているＤＩＹ界のカリスマ「久米まり」さんだということがわかった。それから動画を観たが、賃貸マンションの契約の中に含まれる原状回復の約束を守れるように、元の内装や設備を一切傷つけずに、新しい仕上げを施していく工夫には、驚くべきノウハウとデザイン力があった。

今では久米まりさんと同様に、かなりのフォロワー数を誇るＤＩＹインスタグラマーやＤＩＹユーチューバーが何人も出てきている。男女は問わないが、女性の発信者が多いのも事実だ。多くが、自分自身の生活空間を変える、あるいはつくり込んでいくと言った方がより適当かもしれないが、その様子をリアルに発信している。それらの映像を見ていると、ＤＩＹが料理などと同じように、暮らしの大事な一部になっていることに気付かされる。自分と家族のためのものづくり。それは今では、ごく自然な行為になりつつあるのかもしれない。

ＤＩＹで目覚めた関心を、趣味のその先へ

もう15年程前のことになるが、ＤＩＹの腕を磨き、ＤＩＹアドバイザーという日本ＤＩＹホームセンター協会の認定資格を持っているある男性にお話を伺ったことがある。数年前に、何カ月もかけてＤＩＹでリノベーションした6畳の部屋を見せていただいたが、その後はどうも十分な活躍の場がないらしい。それ以外の部屋に手を付けようとすると、奥さんの許可が出ない。

まして、頼まれてもいない他人様の家をＤＩＹの対象にすることはできない。仕方なく何をしているかと言うと、近所に捨てられていた椅子を拾ってきて、それを直し、新しい仕上げも施して生まれ変わらせるという作業。２脚程やったが、その後は適当な椅子が見つからず、先の２脚の椅子の10分の１のミニチュア模型を製作して遊んでいると言って、その椅子の模型を見せてくださった。

この時に、ＤＩＹの趣味としての限界に気付かされた。普通趣味と言えば、やりたい時にできるものだが、自分の家のＤＩＹリノベーションということになると、やるべきことがなくなってしまうことが一般的にあり得る。趣味としては大きな欠点である。この欠点を補うには、他人様の家を対象とすることの可能性の検討が早道ではないか。つまり、ＤＩＹを入り口として、新しいものづくり人の世界に入っていく形の追求があって良いと考える。ＤＩＹで目覚めたものづくりへの関心を、技能を高める方向に結び付ける教育・訓練の場や、あるいは仲間とのチームワークで実践を積み重ねる継続的な場の形成などが考えられると良い。

ものづくりの未来には、ＤＩＹ精神の持つ自発性が欠かせない。その意味でも、今後増えていくであろうDIYerをものづくり未来人の世界に導くことは、大きな可能性を持っている。

第3部

変わる建築の現場

――〝職人社会〟の外へ

5章

オープンになった道具と技術のゆくえ

1　電動工具とボンドはものづくりの何を変えたのか

ボンドと電動工具を多用する「大工の正やん」と技術のシェアコミュニティ

コロナ禍に入って1年程してからだっただろうか、工務店経営者の方数名とオンライン飲み会を楽しんでいた時のことだ。ある経営者の方から、「先生は、ボンドと電動工具を多用する最近の大工の現場作業の様子をじっくりご覧になったことはありますか」と問われた。「そう言えば、長らくじっくりと見る機会はないですね」と答えると、それならということで、あるYouTubeチャンネルを紹介された。「大工の正やん」というチャンネルだった（図5－1）。「この『正やん』という人がどこのどういう大工かはわかりませんが、YouTube上に公開されている『正やん』の作業の様子を見れば、ボンドと電動工具を多用するようになった現代の大工の中でも、この『正やん』が相当に腕利きの大工だということがわかります。面白いですから一度見てくださいよ」と、かなりの熱量だったので、そのオンライン飲み会の翌日、早速「大工の正やん」を探し出して拝見した。

一つの動画はせいぜい10数分程度なのだが、面白いので立て続けに十本以上の動画を見てしまった。これは掛値なしに面白い。大工の作業ってこんなに種類があったっけと思うほど、正やんは毎回毎回違う作業を行い、丁寧に細部を説明し

図5-1　Youtubeチャンネル「大工の正やん」の動画
（提供：大工の正やんYouTubeチャンネル）

てくれる。腕利きのベテラン大工だから説明は的確だし、作業そのものの動きは無駄がなく見惚れてしまう。

そして何と言っても驚いたのが視聴者数。私が初めて視聴したのは2020年の秋頃だったかと思うが、回によっては延べ100万近い人が見ていたし、チャンネル登録者数は20万人を超えていた。2022年の9月時点では、その数は40万人を超えている。書き込まれているコメントを見ていると、素人も玄人も、そして日本人も外国人も大いに「正やん」の腕と技を楽しんでいるようだ。

「ボンドと電動工具を多用」と言うと、何か昔の大工道具は使えなくなった今時の大工というふうに聞こえるかもしれないが、それが大きな間違いであることは、この動画を2、3本も見ればわかる。「正やん」の年齢は65歳。大工歴は50年近くになる。だから、ボンドや電動工具を多用する前の時代から大工であり、当然ながら昔からの大工道具の使い方も上手なのである。また「ボンドと電動工具」と言うと、だれでも簡単に使えるので、それ以上語るべき技の奥深さはないように思われるかもしれないが、「正やん」を見ていると、決してそうではないことがわかってくる。

職人の適正な収入は電動工具が支えている

100本以上ある動画の中には、「正やん」が自分の持っている電動工具がどういう時にどのように使う工具かを説明してくれる回があるのだが、まずその持っている工具の種類の多さに驚かされる。そして、それぞれのちょっとした違いと、そのちょっとした違いのある工具を揃えることの必要性を、すべて丁寧に説明してくれたのには脱帽だった。それでも「正やん」は腕利き大工ぶることもなく、いつも普通の大工然として、誠実に全力で自分の仕事をこなしている。そこにまた多くの人が惹かれるわけだ。

「大工の正やん」を見ていると、もし電動工具がなかったら一体大工はどうやって住宅1棟を建てられたのだろうと不思議に思えるくらい、電動工具が活躍する。「昔の道具は職人の腕の一部になっていた。それに比べて」というような言い方で、電動工具を揶揄する向きもあるが、「大工の正やん」は電動工具も職人の腕の一部になっていると言いたくなるレベルにある。実際、今日の大工の存在をその仕事の効率、ひいては適正な収入の確保という面で電動工具が支えてきたことは、容易に想像がつく。

もちろん、電動工具の恩恵は何も「正やん」のようなプロの職人ばかりでなく、多くのDIYer

も受けていることを忘れてはいけない。YouTube上にはＤＩＹの動画も数多く流れているが、ビス止めや釘打ちに電動工具を使うのは当たり前だし、木材を切るのに電動鋸を使うのも普通のことになっている。これらの工具の効率の良さや、それによる作業負担の軽減を目の当たりにすると、これらがＤＩＹの敷居を低くしていることは明らかなように思える。ものづくりの未来を考えるうえで、電動工具は必須の道具立ての一つということになるだろう。

手刻みに憧れる女性大工

今の大工の仕事を考えると、木造建築の柱や梁にほぞ穴をあけたり、柱や梁の端部に継手仕口と総称される複雑な形状の接合部を加工したりする仕事は、ほとんどのプロジェクトで大工の仕事ではなくなっている。建物の図面さえ入力しておけば、そういう加工を自動で済ませてくれるある種のロボットを装備した「プレカット工場」と呼ばれる企業の仕事になっているのだ。大工のところには、既に必要な個所に、必要な形状加工の施された柱材や梁材が届く。大工たちは現場でそれらを組み立てればいい。電動工具は大工の手元に仕事を残したが、プレカット工場は大工の仕事の一部を持っていった。プレカット工場の機械が今ほどの効率でなかった20世紀には、この仕事をプレカット工場に渡すか、それとも大工の手元に残すかでせめぎ合いもあったが、今やコスト面での勝負がはっきりとついてしまった。

しかし3章で女性大工の話を聞いた折には、「自分は手刻みがやりたいので、今でも手刻みを主にしている工務店に入りました」という女性が何名かいた。コスト面で勝負がついていても、一般的なプレカット工場が対応できないような規格外の木材を使用した建築もあるし、古民家再生の仕事などになると、今のプレカット機械では対応していない種類のかつての継手仕口を直したり、新たにつくったりしなければいけなくなるので、手加工の必要性は少なくなったとしても、決してなくなりはしない。彼女たちは、そういう必要性が続くことを期待して、手刻みができる大工になりたいからこそ、そういう必要性に応えている工務店に入るのである。

ここには、一筋縄ではいかない二つの考え方のコンフリクトが見え隠れする。一つはプレカット機械で生産効率を上げつつ、大工の仕事を肩代わりし、大工が少なくなっても何とか建築の仕事ができるようにしていこうという考え方。もう一つは、この手加工にこそ大工仕事の醍醐味があると考え、豊かなものづくりの未来を目指すならば、安易にプレカット工場に頼ってはいけないという考え方である。

生命のはたらきの安定を失ったものは、道から見離されてしまう

こういうことについて考えていると、いつも思い出す話がある。2500年程前に書かれたという『荘子』に出てくる「はねつるべ」の話だ。少々長くなるが、とても示唆に富む話だと思うので、以下に森三樹三郎氏訳の中公クラシックス『荘子I』からその話の部分を引用しておきたい。

子貢（孔子の弟子）が南方の楚の国に旅行をし、晋の国に帰ろうとして漢江の南にさしかかったとき、ひとりの老人に出会った。その老人は畑つくりをするために、坂道を掘って井戸のなかにはいり、瓶に水をくみ、かかえて出ては畑にそそいでいる。ひどく労力ばかりが多くて、しかもいっこうに仕事の能率があがらない。そこで、子貢は老人に声をかけた。「水をくみなさるなら、よい機械がありますよ。一日のうちに百ほどの畦に水をやることができ、労力はたいへん少なくて能率があがります。あなたは欲しいと思いませんか」すると、畑つくりの老人は、顔をあげて子貢を見ながら答えた。「そりゃ、いったい何だね」「それは木を細工してつくった機械で、うしろが重く、前が軽いようにできています。これを使うと、まるで軽い物を引き出すように水をくみあげることができ、しかも速度がはやいので、あたりが洪水になるほど

です。その名は、はねつるべといいます」すると、畑つくりの老人は、むっと腹をたてたようすであったが、やがて笑って答えた。「わしは、わしの先生から聞いたことがある。機械をもつものには、必ず機械にたよる仕事がふえる。機械にたよる仕事がふえると、機械にたよる心が生まれる。もし機械にたよる心が胸中にあると、自然のままの純白の美しさが失われる。純白の美しさが失われると、霊妙な生命のはたらきも安定を失う。霊妙な生命のはたらきの安定を失ったものは、道から見離されてしまうものだ、と。わしも、その機械のことなら知らないわけではないが、けがらわしいから使わないまでだよ」これを聞いた子貢は、顔をまっかにして恥じ入り、下を向いたまま答えることばもなかった。（中略）子貢は青ざめて色を失い、ぼうぜんとして自失したまま、三十里ばかりあるいたあとで、やっと正気にかえった。

何だ、2000年以上前の古臭い精神論の話ではないかと感じる向きもあるだろう。しかし、ここでの老人の言葉は、当時の人間と社会のさまざまな失敗の経験に基づくものだと考えるのが妥当であろうし、その失敗の詳細は語らず、「道から見離されてしまう」という普遍的な表現をしているものの、少なくとも胸に手を当ててみる価値はある。

道具が身体性を帯びるかどうかが分岐点

先のプレカットという技術の適用に関しては、当初から次のような議論があった。当面の間は、手刻みの経験を持つ大工がプレカット工場で加工された柱材や梁材を使うのだから、彼らはいざとなれば手刻みができる。いざとなればというのは、例えばプレカットでは対応できない形状の接合部を持つ既存の木造建築の修理や、増改築を依頼された時である。

実際、プレカットの全自動機械が上市された1990年頃から30年を経て、手加工の技を身につけた経験のある大工は50歳代後半になり、それより若い多くの大工は手刻みに対応できなくなっている。先の女性大工の所属する工務店のように、手刻みを生きた技として継承している組織がかろうじてあるにはあるが、これまでの趨勢から見れば、そしてこの問題に対する業界の態度が変わらないとすれば、絶滅危惧種であると言っても言い過ぎではないだろう。では、手刻みの技は絶滅するしかないのか。今の3D加工技術を前提とすれば、技術的には問題ない、という考えがあり得る。それでは、大工を目指す人間にとっては、どうなのだろうか。手刻みという領域はなくなっても支障がない、と言い切る根拠は後述するとおり、現時点ではなかなか見出せない。「道から見離されてしまう」という言葉が意味することは何なのか。ついそれを考えてしまう。

他方、「大工の正やん」が自分の腕のように使いこなしていた電動工具はどうなのだろう。あいまいさを排除しきれないが、道具があそこまで身体性を帯びてくると、それは荘子の話の中に象徴的に出てくる「はねつるべ」の類には属さないのではないか。私にとっても暫定的だし、皆さんにとってもどこか腑に落ちないところがあるかもしれないが、電動工具とプレカット工場との間には、道具の帯びた身体性という観点から、線を引こうと思う。初めて釘打ち機を操作したDIYerが喜ぶ表情を見ると、それはものづくりの未来を豊かにする手がかりにも思えてくる。

2　ものづくり人の視点から技術の採否を決める

面倒な部分だけが人の手に残ることに納得できるか

「はねつるべ」の仲間に入るような機械化の話は、建築界においても、これまでの木造の話に限らずいろいろとある。

それこそ半世紀以上前から、建築界には現場技能者の不足の問題があり、少し景気が良くなって仕事量が増えてくると、必ずといってよいほど現場技能者の仕事の一部を代替するような技術を開発・適用しようという動きが出てきた経緯がある。その代表的なものは、現場で型枠をつくり、鉄筋を組み、コンクリートを打設し、一定期間養生して型枠を外すという一連の仕事を、どこかの工場であらかじめつくった鉄筋コンクリートの大型部材で置き換えてしまおうという、「プレキャスト・コンクリート（あらかじめ打設したコンクリート）化」である（図5－2）。ところが、この置き換えの議論がなかなか興味深いのである。

プレキャスト・コンクリートは、そのための型枠やコンクリート打設機械といった相応の設備投資を必要とする。かなり大型で重い製品を運ぶため、輸送費も馬鹿にならない。プレキャスト・コンクリートの部材を製作する側は、何とかこれらのコストを抑えたい。そうなると、できるだけ同じ型枠セットで何度も部材がつくれるように、同じ形の部材を何個も製作したくなる。一つずつ異なる形の部材をつくらなければならないような、複雑な形の部位はできるだけ施工現場でつくってもらい、工場で引き受けるのは、例えば広く平たい床面をいくつかに分割しただけの、何枚もの同じ床部材だけになってくる。ところが、その床のような部位は施工現場でも効率良くつくれてしまう。施工現場としては、効率良くつくれない部分をこそプレキャスト・コンクリートの工場で製作してきてほしいのだが、同じく工場側が引き受けたいのも効率良くつくれる部分で、それだと結局、施工現場の効率向上には全く役立たないことになる。

同じようなことは、最近の建築現場用のロボット開発でも見られる。例えば、天井を張るロボット。ビルなどの天井を張る作業は、その下全面に足場を組まねばならず、また作業者はずっと上向き作業で、身体的な負担が大きい。そこで、その作業をロボットで代替できるようにと開発が始まるのだが、余程大きな開発資金を投入するのなら話は違うかもしれないが、普通のロボットには同じ四角い天井パネルを、マス目上に張る程度のことしかできない。しかし、実際の建築現場の天井はぶつかる壁などの取り合い部の施工精度は決して高くはなく、真四角のマス目上に天井パネルを張っていくと、どうしても四周の壁との取り合い部分が、妙な形のすき間として残ってしまう。

その四周個々に異なる形のすき間に合わせて、ロボットが個

図5–2　プレキャスト・コンクリートによる壁パネルの製造風景（1979年頃）

別に天井パネルをつくれるのなら話は別だが、そんな芸当のできるロボットまで開発するほどの投資はできない。となると、結局そのすき間の天井工事は足場を組んで作業員の手作業で行うことになり、ロボットだけでは完結しない、何とも中途半端な話で終わる。しかも、作業員にとっては面倒な部分だけが自分たちの仕事として残る形で、とても受け入れられるものではないだろう。そもそも何のための開発かがわからなくなってしまう。もしも何等かの理由でロボット開発を至上命題とするようなことがあれば、何の役にも立たないお荷物ができるのがせいぜいという気がしてならない。

『荘子』の老人が「けがらわしい」と言ったのは、こういう矛盾に満ちた機械化を想像してのことだったのかもしれない。

話題系新技術への投資よりも人の育成に資金を

以上を踏まえて、若い人が豊かな気持ちで働けるものづくりの世界を、建築という分野でつくるためには、あくまでもその「豊かな気持ちで働ける」ということを目標として、どこまでがけがらわしくなくて、目標達成に寄与する新技術導入かを判断していく態度が必要だ。その場その場の効率化や、機械などの適用技術自体の目新しさにこだわってしまうことのないよう、十分に注意する必要がある。

効率化を促す新技術に関して言えば、これまで建築職人の世界がその新技術を使うことでどうなっていくかに思いを馳せることは、決して多くなかったと思う。長期的に見てその技術の適用が、建築職人個々人の作業におけるやり甲斐や極め甲斐を生み出せているか否か。そのことで、これから入職する若い人々に少しでも良いイメージをもってもらえるようになるか否か。ここは問われなければならない。ややもすると、これまでの効率化を促す新技術は、建築職人の裁量権を縮小したり、作業内容を熟達意欲の湧かない方向に変えたり、作業自体の達成感を減じたりすることがあっただろう。しかしそれでは、建築や都市の基層は擦り減るばかりである。

適用技術の目新しさにこだわることに関して言えば、今日のように話題語が情報空間内でいわば勝手に加速される時代にあっては、きわめて起こりやすいものと言えるだろう。思考停止中の意思決定者間で、とても説得力を持ちやすいからである。しかし、先述した建築系のロボットの例に戻ると、その完成度を自己目的化させることは、無駄な投資になりやすいばかりではなく、建築のものづくりの世界を豊かなものにするどころか、衰退を助長しかねない。もしも、そうした話題系新技術への投資を広告宣伝費の枠以上に大きくするというのであれば、その代わりにものづくりコミュニティの未来をひらく人たちの育成の方に投資すべきである。建築職人の世界がかなり危うい段階に入っていることは、あまりにも明白である。あらゆる関連投資は、慎重に有効性を事前評価して実施するべき時期に入っている。

ものづくりの未来をひらく道具学

本章の冒頭でお話しした「大工の正やん」にとっての電動工具は、まさに人の身体性を帯びたものづくりの道具の範囲内にあって、人の人生を豊かにするための道具だと考えられる。他方、例えばプレカット技術はどうすれば人にとってのそういう道具になれるのか。プレキャスト・コンクリート化の技術はどうなのか。あるいは、天井張りロボットはどうなのか。適用が検討されている新技術の一つひとつをそのような目で見直すことがものづくりの未来を目指す取り組みの第一歩になり得るし、そういう観点からの成功や失敗の事例収集・分析が進めば、建築と都市の基層を復興させるための「ものづくりの未来をひらく道具学」が体系化されてくるに違いない。

最後に、私欲の部類に属する話で、2500年前のあの老人には「けがらわしい」と言われるのだろうが、何とかこれから10年の間に、その「ものづくりの未来をひらく道具学」をものにしたいと思う。既に65歳になったが、まだまだしょんぼりはしていられない。若い人に向けて「けがらわしいから使わないまでだよ」くらいのキリっとした言葉を、発してみたいものである。

6章 分断と量産の時代を超えて

1 生産の現場に生まれる新たな局面

安藤さんや隅さんのような建築家

建築業界と縁のない読者が手に取ってくれているなら、ちょっとお聞きしてみたい。大学の建築学科を卒業した人はどんな仕事に就くでしょうかと。

まず「安藤忠雄さんや隈研吾さんのような建築家」という答えが頭に浮かぶ人が多いと思う。でも、あなたの知り合いに「安藤忠雄さんや隈研吾さんのような建築家」はいますかと問えば、そんなに多くの人が頭に浮かぶケースは少ないだろうし、全く思い浮かばないという人も少なくないと思う。日本には、建築学科あるいは名称は違うもののそれに当たる学科を持つ大学が100校はある。そして、その卒業生の総計は年間に1万4000人とも1万5000人とも言われている。だから、皆さんの知り合いにほとんどいないような職にしか就いていないということはあり得ない。「安藤忠雄さんや隈研吾さんのような建築家」になっている人もいるだろうが、世間からそういうふうに認知される人は、卒業生の中のごく一部に過ぎない。

では、毎年毎年、1万人を超える数の卒業生たちはどういう職に就いているのだろうか。細かく分ければいろいろな業種が出てきているし、以前支配的だった業種は就職希望者が減少しているのだが、まずは以前支配的だった業種がわかりやすいので挙げておく。建築設計事務所と建築工事請負業者である。安藤さんや隈さんも建築設計事務所の代表だが、彼らのように世間に名の知れた建築家と言える人はとても少なく、多くは建築設計事務所の所員として、あるいは特に世間に広く名が知られてはいない建築設計事務所の所長として働いていて、これを建築界では分野

として まとめて「設計」と呼んでいる。一方の建築工事請負業者は建築の施工を主要業務とする「ゼネコン」や「工務店」と呼ばれる企業で、分野としてまとめて「施工」と呼んでいる。ただ、日本のゼネコンや工務店は、施工だけでなく設計も業務範囲に含むケースが主流で、その場合には社内に設計を担当する従業員を抱えており、大学の卒業生の中には設計をするために「ゼネコン」や「工務店」に就職する者も多くいる。「住宅メーカー」と呼ばれる企業もこの仲間である。

ところで、大学の建築学科の売り物の一つは、国が認めた科目の必要単位をきちんと揃えて卒業すれば、1級建築士という業務独占資格の受験資格を得られるという点であり、その「建築士」という言葉から多くの人が思い浮かべるのは「安藤忠雄さんや隈研吾さんのような建築家」だという点である。実際の学生の行動を見ると、「設計」に進むつもりか「施工」に進むつもりかにかかわらず、多くの人が一級建築士の資格を取得しようと努める。建築士の試験が、「設計」にも「施工」にも必要な基礎的な知識を問うているからである。ただし、建築士の試験には二次試験で設計の試験がある。一級建築士という資格制度が、基本的には建築設計を行える人を認める制度だからである。

必ずしもそのためにというわけではないが、大学の建築学科で建築設計の演習等を一切やらずに卒業できるところはないと思う。単位の大小はともかく必須の科目である。時間割上もかなりのウエイトを占めている場合が多い。そして建築の設計図を描いてみたりすると、かなりの学生は自分が「安藤忠雄さんや隈研吾さんのような建築家」になることを一瞬夢見る。

大学が教えない建築設計事務所の経営

私が学生の時もそうだった。多くの学生が初めはぼんやりと「設計」に進むのだろうなと感じていたと思う。しかし、ある日講義中にある教授から次のようなことを言われた。

「君たち、将来設計事務所でもひらいて仮に住宅の設計で生きていこうと思っているとしよう。でも、それは難しいよ。今の設計料だと、小さな住宅なら2日に1軒位のペースで設計しないと生きていけないよ」

経済的にどうなのかという観点を持ち合わせていなかった学生たちは大いに心を揺さぶられた。「設計」は無理なんだと。その後業界の実状を知れば、この教授の話はいささか大袈裟だとわかるが、当たらずといえども遠からずではあった。この設計料の実態については後ほど少し詳しく説明するが、社会経験のない学生にとってはかなりわかりにくいものだし、大学ではそういういわばビジネスとしての建築業のことは一切教えていなかった。

それから20年程経った頃だろうか、私は大学で教える立場になっていて、その建築学科に新たにイギリス人の建築設計の教員Ａ氏を迎えることになった。欧米での建築教育は、日本によくある工学部建築学科とは違い、芸術学部建築学科や独立した建築学部で行われていたから、このＡ氏も当然工学的で実学的な日本よりももっと芸術的な教育を受けてきたと思っていた。

しばらくして、Ａ氏が聞きたいことがあると言って私の部屋にやってきた。質問は次のようなものだった。

Ａ氏　この大学では、建築設計を一生懸命教えているのですが、建築設計事務所の経営については一切何も教えていないのですね。どういうことですか。これでは卒業後、学生たちは「設計」の道に進めないでしょう。だって、経営について何も知らないのだから。

松村　先生の卒業されたロンドンのアート系の建築学校では事務所経営について教えていたのですか。

Ａ氏　もちろんです。事務所経営の基礎的なことは教えていました。

松村　そうですか。日本ではこの大学に限らず、事務所経営については教えてこなかったのが実際のところです。だから、今までにもうまく経営できなかった卒業生は結構いたかもしれません。

Ａ氏　それは私たちが教育を変えなきゃいけないでしょ。私たちの責任です。

工務店での設計料の扱い

その後、A氏とは突き詰めてこの話をすることはなかった。そのうちにA氏が退職されたので、事務所経営については就職ガイダンスのような機会に私が少し触れる程度で、学科としてどう教えるかというような議論を真正面からはしなかった。

実際、日本の事情はA氏が考えられていたよりも複雑で、どういう組織を想定して経営について教えれば良いかは悩ましいところだった。というのも、そもそも先述したように学生の卒業後の進路は多様で、建築設計事務所が主な就職先でもなかった。ゼネコンにも住宅メーカーにも、また官庁や地方自治体、不動産業や商社、経営コンサルタントにも就職する者はいた。だから、建築設計事務所の経営についてのみ教えるのが適当とは思えなかった。

更に話がややこしいのは、これも先述したように、「設計」でなく「施工」分野に属するゼネコンや住宅メーカーや工務店でも、建築設計業務は行っており、その専門スタッフもいる。実際私の学科の場合、設計をやりたくて建築設計事務所に就職する学生と、設計をやりたくて大手ゼネコンの設計部に就職する学生は、数では拮抗していた。となると、例えば事務所経営の主な収入源になる設計料について、「設計」での設計料と「施工」での設計料が全く違うという実状を伝えなければならない。ただ、実際各企業が設計料をどの程度もらっているかについて正確に把握できる資料は皆無と言って良い。

1軒の住宅を建設するプロジェクトを考えると、「設計」は設計料だけが収入であるし設計だけが業務なので、設計料がいくらかは死活問題になる。他方、「施工」は設計料よりも遥かに大きな額の工事費が収入になるので、仮に設計業務を行っていたとしても、経営の根幹は工事費を得られるかどうか、またその多寡によって決まる。勢い、「施工」の企業が設計料にさほどの関心がないとしてもおかしくはない。また、設計と施工の担当者や業務が明解に区別できるのならばともかく、例えば小規模な工務店になるとその区別はつけにくく、見積りの中に設計料という項目を挙げていないケースも多い。

発注者から見れば、設計業務と施工業務を別々の企業に依頼するか、同じ企業にまとめて依頼するかで、少なくとも見積書や請求書の上での設計料の扱いは大きく違い得る。極端な話、設計施工一式で請ける工務店の場合には、設計料という項目自体が表れないケースがあり得る。工事に関する経費として括られていてもおかしくはない。

実際、本稿を書くにあたって日頃付き合いのある工務店8社に設計料の扱いを聞いてみたところ、私の予想に反してその扱いは個々にバラバラ、業界の平均的な姿を描きようがなかった。私の予想とは、設計料という項目自体を立てていない工務店が多いというものだったが、「一般にはそういう工務店が多いと思いますよ」という声こそ聞かれたものの、8社の中で設計料という見積り項目自体を立てていないとする工務店は1社に過ぎなかった。

予想に反して多かった設計料という項目を立てている工務店7社だが、その契約上の扱いと額は個々に違っていた。

まず、契約上は工事請負契約と別に設計業務委託契約を締結し、工事が始まる前に一旦設計料を支払ってもらうという工務店もあれば、契約は工事請負契約一本で、清算も工事費と同時という工務店もあった。

設計料は一般的には工事費に対する比率で計算する場合が多く、独立した建築設計事務所の場合、住宅だと10%～10数%程度が目安ではないかと言われている。これに対して、今回の工務店7社は、定額100万円としたところもあり、比率で計算するところもそのパーセンテージは、3～5%、6%、7%、8%、10%とまちまちだった。

業務の丁寧さなどに個別性が出るのは当たり前だが、依頼する企業によって設計業務の内容が全く違ってしまうということはない。ところが計上する設計料で見るとこんなに幅があるというのはどういうことなのか。先述したように設計施工一式で請けている場合には、設計業務と同時に施工管理業務の一部もやっているという従業員がいるだろうし、その場合にはある業務にかかった人件費を設計料の一部として扱うか、それとも工事に関わる経費の一部として扱うかは判断の分かれるところだ。いわばそのあたりの匙加減で数字が変わってくるものと理解することができる。

棟梁はどうなってしまったんだ

それにしても設計料の話は、正確に説明しようとすればするほど話がややこしくなってしまい、読者にモヤモヤ感を残すだけの結果になりがちだ。どうやら今回もそうなってしまった。

ここで私が本当に言いたかったのは、日本における設計施工一式という請負形態とそれを主にする企業の広範な存在だ。あの先生の国、イギリスでは見られない産業風景なのである。だから、それこそ明治時代にイギリスの影響を強く受けて登場した設計だけを行う建築設計事務所や、その経営の根拠になる設計料は、日本では未だに落着く気配を見せないのだ。

本書で述べてきたように、日本の建築生産の中心には長らく大工がいた。特にその長たる棟梁は建築の設計施工の全過程に習熟し、それを統率していた。その伝統の中にあって、住宅の建設においても、住み手が畳割を頼りに描いたラフな間取り図に代表される要望を棟梁に渡し、棟梁がその住宅を設計し、棟梁の指導監督の下でその弟子たちが施工するのが当たり前だった。設計と施工は分かち難く一つのプロセスを形成していた。設計料という費目が立てられる必然性はなかった。欧州においても、そのような棟梁を頂点とする設計施工体制に類するものがなかったわけではない。中世から続く「マスター・ビルダー」を頂点とする体制だ。20世紀に入って、分かち難かったはずの設計施工が分離し、設計が独立した業になったのを苦々しく思っていたある人物は次のように述べている。

かつてのマスター・ビルダーは完全な人間であり企業家でもあった。彼は建築家であり、考える人であり、エンジニアであり、同時に実行者でもあった。彼は素材から霊感を得て、彼のアイデアへの敬意を確信した上ですべての責任を負った。彼は現場で生きた。一体彼らはどうなってしまったんだ。

こう述べたのは、フランス人ジャン・プルーヴェ（図6－1）。かつてル・コルビュジエから「次の時代の新しい建築家、すなわち『建設家』」と称され、自ら考案した建築や部品を自らの手でつくるという創作スタイルから、20世紀の建築史に独特の軌跡を描いた人物である（本稿でのジャン・プルーヴェの発言はいずれもBenedikt Huber & Jean-Claude Steinegger, *Jean Prouve*, Architecture

Artemis Zurich, 1971から松村が訳出したもので、初出は松村秀一著『「住宅ができる世界」のしくみ』彰国社、1998年）。プルーヴェは更に次のように語っていた。

今日、建築家は技術的な思考から離れた場所に追いやられ、実行の現場からの距離はさらに大きくなっている。いまや彼は代理人、時にはビジネスマンである。彼は創作者ではなく、管理人になってしまったのである。

図6–1　ジャン・プルーヴェ

施主、建築家、技術的図面屋と工事請負人はいつも分かれていて、それぞれの利益は矛盾している。今こそ新しいタイプの建築家が求められている。

設計・施工を分かち難い一つのチームと捉えた〝建設家〟プルーヴェ

プルーヴェ自身は、フランスの国家資格に照らして言えば、建築家ではなかった。

彼は1901年にナンシーに生まれそこで育った。彼が生まれた頃、ナンシーはエミール・ガレたちの活動拠点となっており、芸術と工業の融合を目指した運動「アール・ヌーボー」の発信地として知られていた。ジャンの父、ヴィクトル・プルーヴェもエミール・ガレの仲間の画家。そんなこともあり、ガレがジャンの名付け親でもあったらしい。

そんな瑞々しい芸術運動の地で育ったジャン・プルーヴェは、自らは20世紀的なエンジニアになることを希望していたようだが、家庭の事情からか高等教育機関に上がることを断念し、13歳から地元の鍛冶職人の下に徒弟として働きに出た。17歳で鍛冶職人として独立。20歳代半ばからは同時代の建築家との交流を深め、彼らの建築の部分のデザインと製作を依頼されるようになった。そして30代になると「ジャン・プルーヴェ・アトリエ」を開設。建築のほぼ全体のデザインと製作を任される機会も出てくるようになった。

職人として鍛えられたプルーヴェは、ある時自らの信条を次のように述べている。

第一に作業中の仕事をよく見ること。そしてそこからインスピレーションを得ること。第二に進んだ技術の実行の中で選択できる自由を発見し、その決断は決して延ばさないこと。第三に変革はただ実行の積重ねの結果でしかあり得ないと認識すること。これらのため、デザイナーと建設家は常に一つのチームとして対話をしなければならない。

こうも述べている。

建物以外のすべての物は、一つの組織、あるいは一つの企業に対応する一つの産業でつくられている。

本稿の文脈に則した言い方をすると、設計と施工は常にワンチームであるべきだということになる。

そして、40代半ばになろうとしていた1944年にナンシー郊外のマクセヴィルに設計事務所を内包した工場を設立し（図H－11、19頁）、1952年までの8年間、設計即製作という理想の創作環境を実現した。いわく、「月曜日に設計されたものは、火曜日の朝現物になっていた」。

「職人」というと保守的な人物のイメージを持たれるかもしれないが、プルーヴェは新しい技術の吸収にどん欲な人だった。だから彼のマクセヴィルの工場には常に最新のプレス機械などが揃えられていた。一時はここで250名の従業員を率いていた。航空機産業など他分野から仕事の面白さを聞きつけて転職してくる人もいたという。先端的で挑戦的な工場だったのだろう。

プルーヴェ・モデルの悲しい結末を乗り越え

ところが、このプルーヴェの理想の創作環境は突然壊されてしまった。大株主の大企業によってである。プルーヴェ自身は「二度とあなたの工作所に近づかないように」と追い出されてしまった。大変悲しい結末である。なぜそうなったのか。プルーヴェは次のように述べている。

新しい人（ビジネスマン）たちは理想的な共同作業の精神を理解せず、商業的な意味をもつ建築様式をみつけ、どんな建築にも使用できるエレメントを量産しようとした。これは私の考えとははなはだ違っていた。

これまでに売行きの良かったものだけをカタログ化し、いわばその過去の作品を量産すること。そんなことを求められたが、それは毎日違うもの、新しいものをつくることを信条とするプルーヴェとは相容れなかった。経営と魅力あるものづくりのあり方の間の矛盾を象徴する、悲しい出来事だった。この話を知った1990年頃に私の立てた問いは、

「もう半世紀も前に起きたこの悲しい矛盾は、20世紀末の今でも同じように起こるのか。半世

紀の間に変化した技術がそれを阻むことはできないのか」
というものだった。そして、私の結論は「あの悲しい矛盾を阻むことの可能性は高まっている」というものだった。更に30年程の技術変化を経た今日ならば、もっとはっきりと「悲しい矛盾は阻むことができる」と言えるだろう。

鍵の一つは情報技術の進展。これによって同じものを量産しなくても経営目標の生産性を達成することを可能にする道はひらけている。もう一つの鍵は工作機械の小型化、低廉化である。プルーヴェの時代には想像もつかなかったような自在な造形を可能にする3DプリンターやCNC加工機が（図6－2）、小さなワークショップに装備できる時代が来ている。この時代には、形を変えた「プルーヴェのマクセヴ

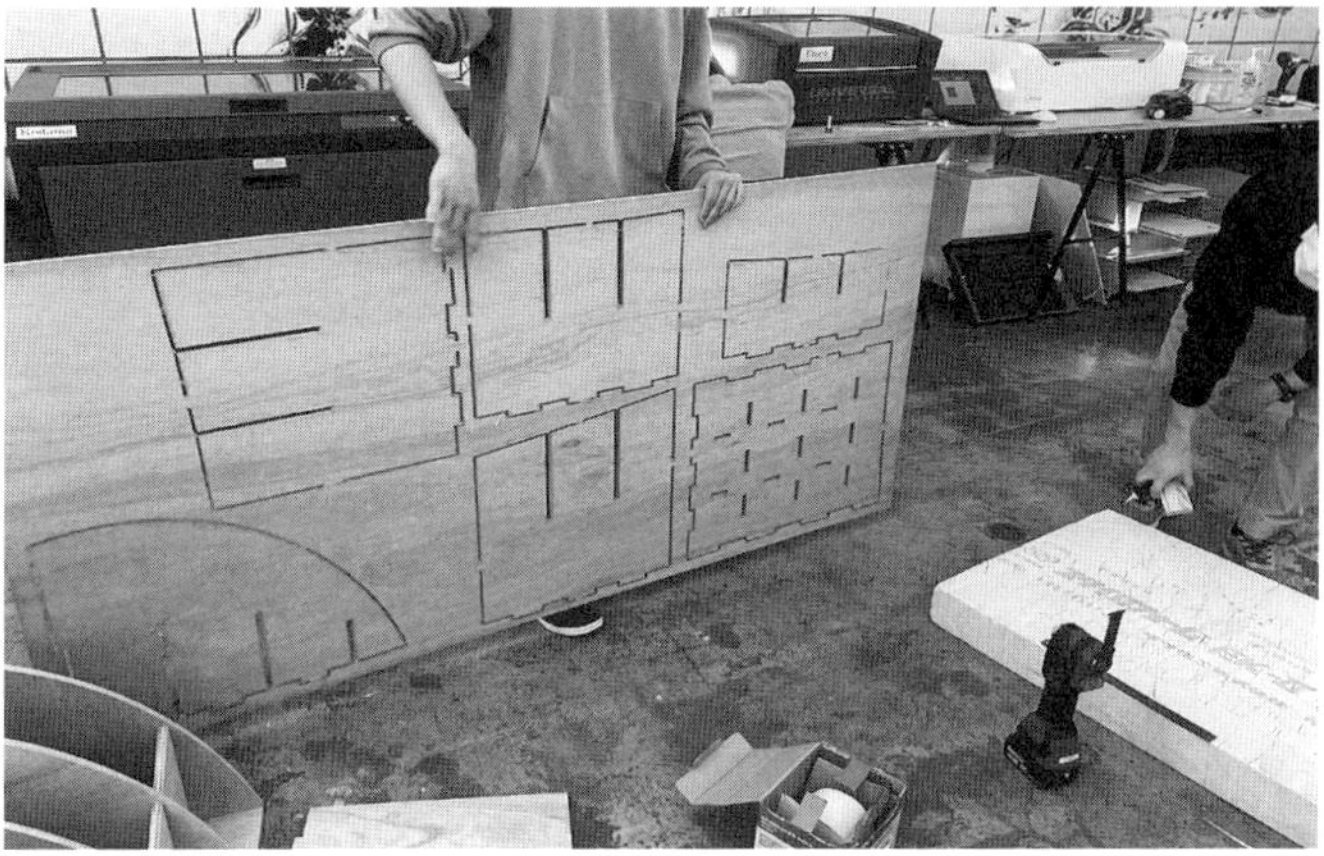

図6–2　学生の演習でもCNC加工機を使うようになっている（撮影：権藤智之氏）

イル工場」が経済的に成立する。そして、新しい時代のマスター・ビルダーを見られる日も遠くないだろう。

2　情報技術の進展と新たな業態の出現

新時代の棟梁が登場するかもしれない

ものづくりの過程の分断を嫌ったジャン・プルーヴェの精神。それは20世紀の新しい工学技術の適用に果敢に取り組みながらも、19世紀的なクラフトマンシップを忘れない、そのようなものづくりの精神だった。そして、この20世紀的なものと19世紀的なものの矛盾なき融合は、21世紀の今技術的には可能になりつつある。ものづくりにおける「プルーヴェ・モデル」を現代において実現するうえでの一番の阻害要因は、組織的な設計と施工の分業化という社会体制にある。ただ、このことに関しても情報技術の進展が状況の変化を促しつつある（なお以下においては、拙著「希望を耕す　情報共有と参加」『Ａｃｅ』２０２２年４月号、（一社）日本建設業連合会　から引用し加筆する）。

２０２１年の秋、建築分野でのＩＣＴ活用に関する展示会のパネルディスカッションに司会役で呼ばれた。聞けば、「生き残れるか、建築設計事務所」というタイトルで、パネルは三つの建築設計事務所関連団体、即ち日本建築家協会、日本建築士会連合会、日本建築設計事務所協会連合会それぞれの会長と、ＩＣＴ活用という観点から建築情報学会会長も加わった４名だとのこと。「生き残れるか」というのは表現が少々過激に思えたので、「生まれ変われるか」に変えることを提案したが、主題は「生き残れるか」という理解でお引き受けした。

そのディスカッションの内容を紹介する紙幅はないが、ここではＩＣＴ活用で何故そういうテーマになるのかについて説明しておきたい。

ＩＣＴとして、ここで主に想定されたのはＢＩＭ（Building Information Modeling）である。企画、設計、行政手続き、施工、維持管理といった業務の段階ごとに、異なる書類や図面を整える形で明確な分業体制が長年定着してきた建築界のあり様を完全に変えてしまう、ＢＩＭはそうした可能性を秘めている（図６－３）。建築物に関する三次元モデルに各種の情報を関連付けるＢＩＭは、プロセスの初期段階からさまざまな立場の人が参加し、それらの人がモデルを手掛かりにコミュニケーションすることによって、情報としての建築の完成度が高まっていくプロセスを可能にし、従来の例えば設計・施工というプロセスに沿った役割分担自体を意味のないものにする可能性がある。そのようなＢＩＭの普及によって将来大きく再編されるかもしれない建築プロジェクト・チームの中で、本稿の冒頭で「設計」として括った建築設計事務所の立場はどのように確保されるのか、つまりどのように「生き残れるか」という問いが発せられるのはよく理解できる。

この文脈でＢＩＭが象徴しているのは、プロジェクト関係者間での情報共有と、それによるプロジェクトの透明度の高さということになるだろう。情報共有や透明度の高さといったプロジェクトの属性は、業務プロセスの前後関係に沿った従来の関係者間の役割分担や、業務実施体制における重層構造を無化し、これまである段階

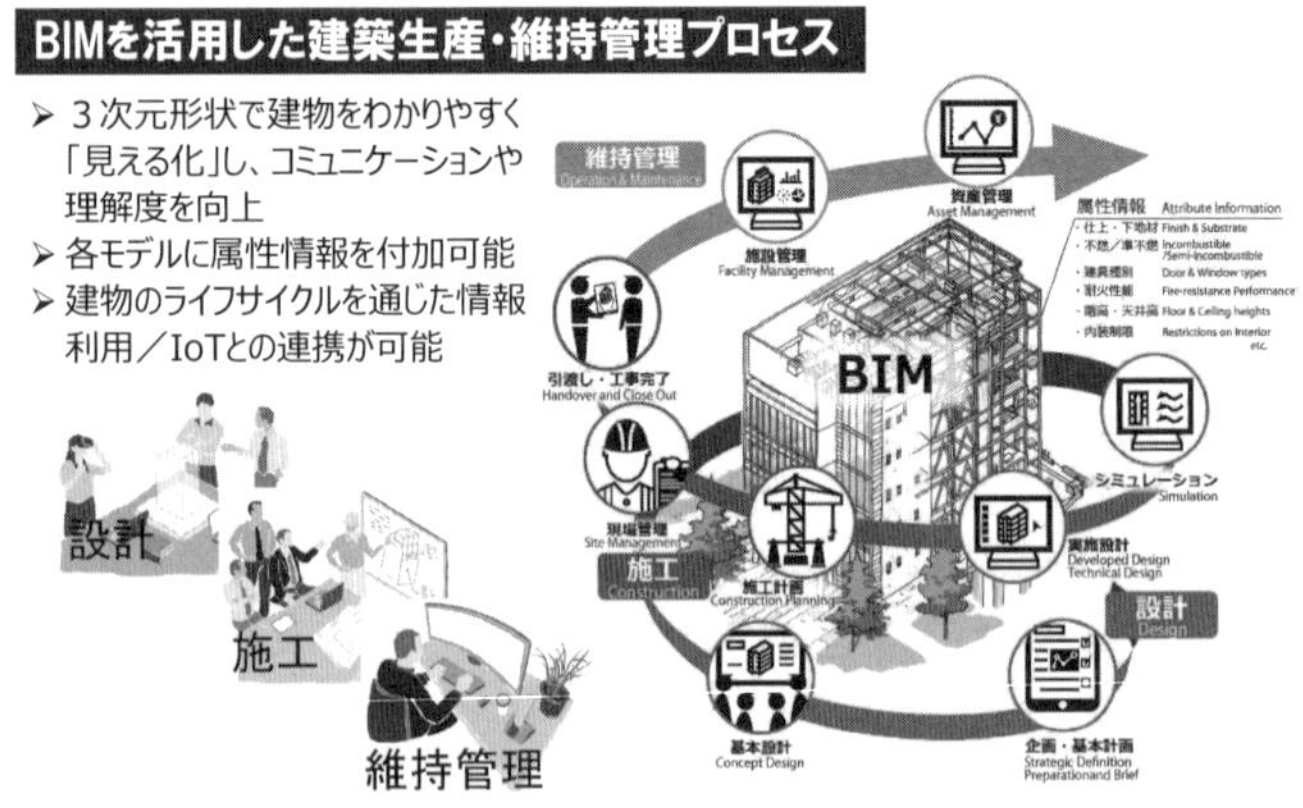

図6-3　BIMによるプロセス統合（出典：国土交通省「建築BIM推進会議」資料）

の意思決定に加わっていなかった関係者の参加を容易にする。つまり情報共有と透明化は、建築に関係する組織の抜本的な再編を駆動する力を持っている。

ここでもう一度「生き残れるか」という問いに戻ろう。それは建築設計事務所に関するものであった。実は、その「設計」において、情報共有と参加ということを核に新たな業態モデルが同時多発的に現れ始めている。

例えば、大手建築設計事務所や施工会社に勤めていた中田理恵さん・中田裕一さんたちが、「妄想から打ち上げまで」というコンセプトの下、発注者も設計者も職人も全員参加型のプロセスをつくり上げることに重きを置いて立ち上げた、「HandiHouse project」（図6－4）。

例えば、有名建築家の個人名を冠した所謂アトリ

図6–4　「妄想から打ち上げまで」を標榜する設計施工集団㈱HandiHouse project集合写真（提供：㈱HandiHouse project）

エ設計事務所に勤めていた河野直さん・河野桃子さんたちが、「ともにつくる喜び」を合言葉に集まり、発注者もすべてのプロセスに参加するリノベーション・プロジェクトの企画、設計、施工等を手掛ける、「つみき設計施工社」。

ほかにも興味深い例は枚挙に暇がないが、「設計」から建築界に入った人たちが、「施工」の魅力や可能性に覚醒し、素人である発注者を巻き込みながらの新しい設計施工一式の業態に辿り着いたところが誠に面白い。まだまだビジネスの規模としては大きくない例が多いが、未来を切りひらく新しい業態は小さなところから現れるのが常だ。情報共有と参加という、時代の流れに呼応する新たな設計施工一式の魅力的なモデルが、既に存在していることは明らかだ。そうなれば、追随する者が加速度的に増えるのは時間の問題だろう。そして、その先には21世紀の棟梁、あるいは過去に類例のないものづくりの未来が、その姿を見せてくれるのだろう。私はこの動きに大いに期待している。

今となってみれば、型にはまった建築設計事務所の経営について教えてこなかったことが幸いしたのかもしれない。

終章

オープンなものづくりコミュニティがつくる世界

「未来をつくる建築」？　それはだれがつくる？

学生向けのイベントだったと思うが、その名称が「未来をつくる建築」となっているのを目にした。若い人が明るい話をするのは悪くない。「未来をつくる建築」、大いに結構。以前の私ならばそんな気持ちになったかもしれないが、ものづくり人に関する一連の考察を進めてきた今の私は、そう鷹揚になれない。「未来をつくる建築」と気楽におっしゃるけれど、それはだれがつくるのか。そもそもその〝つくる世界〟に未来はあるのか。考えるべきテーマは「未来をつくる建築」ではなくて「建築をつくる未来」ではないのか。何とも大人気ないことだとは思うが、こんなふうに反応してしまう。

本書では「建築をつくる未来」について考えてきた。そのスタート地点には、遠い過去から綿々と引き継いできた建築職人と技能の世界が、異常な速度で擦り減ってしまった2022年の私たちがいる。確かに恐るべき状況ではあるが、途方に暮れて立ち尽くしているわけにはいかない。かと言って、私自身は既に65歳で、これまで口と一部ペンだけで生きてきた人間だから、今更職人の世界に飛び込むこともできないし、飛び込んだところで何の役にも立たない。私にできることは、目を凝らして未来に広がり得る可能性を見つけ、そうした可能性に関係する人々の声に耳を澄ますこと、そして考え書き喋ることだ。だから、今この拙稿を認めている。

ここまで書き進めてきたように、未来に広がり得る可能性を、私は女性職人の方々と、DIYを楽しむ人々の中に見ている。外国人技能者も今一つの有力な候補だと思っているが、コロナ禍の中で思うように彼・彼女らや関係者の声に耳を澄ます機会が持てなかった。今後の課題である。ただ、これまでの建築職人の世界にほとんどいなかったタイプの人々に向けて、ものづくりの世界を開いていくという点では同じである。

擦り減ってしまった職人社会をひらかれたコミュニティに変える

『群居』の編集会議の時だったと思う。建築家の渡辺豊和さんから次のように教わったことがある。

「松村君、研究にもアヴァンギャルドはあるやろ。アヴァンギャルドになる方法を教えとくな」

「はい、お願いします」

「球をできるだけ遠くへ投げること」

この渡辺さんの教えに従うならば、本書での課題設定は、千年以上続いてきた建築職人がだれもいなくなってしまったらどうするか、ということになる。実際に職人は減り、平均年齢も高くなったとはいえ、伝統に根差した職人たちはまだまだいる。だれもいなくなった状態よりは相当に有利である。女性職人やＤＩＹ好きの人たち、そして外国人技能者が、見習うべき対象として「職人」に憧れる点において。

しかし、だれもいなくなった状態より不利になる危険もないではない。それは、これまでその世界に属していなかった人々に対して世界をひらいていく時に、過度に高い敷居をつくり、後味の悪い形で新しい人々を追い出してしまう危険である。そうなってしまうと修復は困難になる。

似たような話は、過疎の地域と移住者の関係で何度も見聞きしてきた。年々人口が減少し、年寄りしかいなくなってしまった地域に、何とか若い人に来てもらいたいと移住者を募り、そこここにある空き家に住んでもらおうと準備をしたまでは良かったが、いざ若い移住者がやって来てみると、地域の風習に対する無知を攻め、世代間ギャップを誇張し、結果として移住者を追い出してしまったというような話である。こんなことでは過疎に頭を抱える地域はどうにもならない。

ものづくり人の世界も同じである。「女性にこんな仕事を任せられるか」とか「俺たちの仕事が素人にできるわけがない」などと言って、女性職人やＤＩＹ好きの人々がものづくり人の世界に入って来るのを邪魔していては元も子もない。ものづくり人の世界の豊かさを再興し、その世界を持続可能なものにしていくには、新しくこの世界に入ってこようという人々がどうしても必要であり、彼らを歓迎すべきなのである。

この新しい人々は、直接的にものづくりに携わるだけではなく、既存の建築職人とその技能が持つ価値を改めて評価してくれるに違いない。例えば、ＤＩＹをやるようになって初めて職人技の圧倒的な技術力がわかるようになったという類の驚きは、ＤＩＹ好きの方からしばしば伺う話である。こうした、これまでとは違う、同じ世界に入ったからこその評価がそこここで聞かれるようになるだろうし、そのことは、ものづくり人の世界に対する一般の人たちからの肯定的な評価をも促すものと考えられる。間口が広くて敷居が低い、それでいて目指すべき高みが存在するような世界。そんな世界はそうそうあるものではない。ものづくりの世界は、明らかにそこを目指せる。

「大工の正やん」の気になる一言

そう言えば、YouTubeで大人気の「大工の正やん」が気になることを言っていた。建築職人の世界について気になることをである。

撮影をしている息子さんが「大工は儲かるか」と直接的に質問したのに対して、間髪入れずに「儲からんなあ」と答えたのである。詳しく聞くと、「バブルの頃は良かった」とか「若い頃から今ほど電動工具が揃えられていれば儲かったやろな」とか、いろいろと変動要因があることもわかってくるが、ベースは「儲からんなあ」である。

実際、女性職人の方々の収入を聞いても、コミュニティ大工の収入を聞いても、「大工の正やん」の一言に通ずる水準であろう。このこと、即ち建築職人の待遇自体が若い入職者の減少の主因だとする向きもあり、これを改善しようという動きは国の新しい制度などにも見ることができる。例えば、「建設キャリアアップシステム」。建設技能者の能力を4段階で評価し、それに応じた賃金の設定を促そうというものだ。ただ、こうした政府と業界をあげての取り組みがあったからと言って、そう簡単に「儲からんなあ」を払拭できるわけではない。払う人がいての賃金である。建築であれば、建築主がそれだけの建設費を支払わなければ、建築職人の賃金上昇は起こらない。

ものづくり自体が有する人間の行為としての豊かさについては確認できるし、それを減ずるような阻害要因も見当がつく。ただ、このままでは「豊かだけど貧しい」ということになってしまう。では、建築主に建設費をもっと多く払って下さいと言うと、建築行為自体が減少する危険性があるし、そもそも建設費はそう単純には決まらない。

仮に建設費が上げられないとすれば、その内訳における技能者の賃金に当たる部分の割合を上げるしかない。具体的には、設計にかかる費用、各種行政手続きにかかる費用、施工管理にかかる費用、建材の流通にかかる費用、建材の価格そのもの、そしてオーバーヘッド的な経費等々、ほかの費目の比率を減ずることである。この方法には可能性がある。ただ、一体どの費用をどういう手段でどの程度減らせるのかについては、これ自体が一大テーマであり、私の手に余る。算盤に明るく、実践に長けたほかの識者の導きが必要だ。いささか頼りないことではあるが、ここでは「可能性がある」と言うに留めおきたい。

その可能性についてであるが、これも新たにものづくりの世界に入って来る女性職人の方々や、ほかの職業や主婦としての経験を持つDIYerが一役買うことが十分に期待できる。建設費のあり方について外からの視点を持ち込み、建築界に根本的な見直しを迫ることへの期待である。世界をひらくことの利の一つである。

入り口と同じく出口もデザインすること

さて、そろそろ最後になってきたが、ものづくりの未来について改めて指摘しておきたいことがある。

女性や素人や外国人の方々が、建築に関わるものづくりに魅力を感じ、やってみたいと思ったら、気軽にこの世界に入ってこられるよう、さまざまな入り口を用意しておくこと。私の言う「ものづくり世界を『ひらく』」とはそういうことである。ただ、同時に考えておかねばならないことがある。出口である。

例えば、女性職人の方々の中には、子育てを機に、より時間の融通が利きやすい設計などのデスクワークに移りたいというような事情もあるし、ＤＩＹ好きからコミュニティ大工になった方も、本業や体力や家庭の事情などとの相談次第でいつか卒業、別の形で仲間の役に立つ、という場合などもあるだろう。それぞれの人の生き方次第で、さまざまな出口への希望があり得る。ものづくりの未来では、その出口やそこからの出方のデザインが多様に用意されている必要がある。あるいは、それぞれのものづくりコミュニティを自分でデザインできるような、自由な構えを持っている必要がある。

私の考えでは、当面の間は、本書で取り上げたような個々の先駆的なものづくりコミュニティのあり方をよく観察し、学びを共有しておくことが大切だ。入り口のデザインも出口のデザインも、そこからリアルなヒントを得ることになる。そのためにも、ものづくりの未来を考える人が集まり、情報交換、情報共有できる場づくりは重要である。さあ、ものづくり未来人よ、互いに互いを見つけ出し、豊かな世界の入り口、出口、そこでの生き方のデザインについて語り合える場に集いたまえ。そして、新しい歴史と伝統の起点になりたまえ。

おわりに

本書は書下ろしと私自身の過去の著作を加筆引用して構成されている。加筆引用した過去の著作としては、ＷＥＢマガジン「Modern Times」（https://www.moderntimes.tv/）での連載「ものづくり未来人」（スタイル株式会社）、『Ace』での連載「希望を耕す」（日本建設業連合会）、『建築技術』誌（株式会社建築技術）や『コンクリート工学』誌（公益社団法人日本コンクリート工学会）への投稿論文、『工業化住宅・考』（学芸出版社、１９８７年）、『「住宅ができる世界」のしくみ』（彰国社、１９９８年）があるが、特に多く加筆引用したのは「Modern Times」である。

また、本書で取り上げたインタビューや座談会は、科学研究費基盤研究（Ｂ）「建築現場を担う人材の多様なあり方に関する研究」（課題番号20H02326）の一環として行ったものである。

本書の内容に関しては、既発表の部分を含めて、本書にお名前を挙げさせていただいた方々以外にも、多くの方から教えていただいたり、考えるきっかけを与えていただいたりした。ここに感謝の意を表したい。また、私の東京大学での最終講義に間に合わせるべく、本書を短期間でまとめるにあたっては、学芸出版社の岩切江津子さん、そして編集者の今井章博さんにお骨折りいただいた。心より感謝申し上げたい。

著者略歴

松村秀一（まつむら・しゅういち）

東京大学大学院工学系研究科建築学専攻特任教授。1957年兵庫県生まれ。1980年東京大学工学部建築学科卒業、1985年同大学院工学系研究科建築学専攻修了。1986年より東京大学工学部建築学科講師、助教授（1990年）、教授（2006年）を経て2018年より現職。2005年「住宅生産の工業化に関する研究」で日本建築学会賞（論文）、その後も2008年、2015年、2016年に都市住宅学会賞(著作)、2015年に日本建築学会著作賞、2016年に日本ファシリティマネジメント大賞と受賞多数。近著に『建築の明日へ―生活者の希望を耕す』（平凡社、2021年）、*Open Architecture for the People – Housing Development in Post-War Japan*, Routledge, 2021、『空き家を活かす―空間資源大国ニッポンの知恵』（朝日新聞出版、2018年）、『ひらかれる建築―「民主化」の作法』（筑摩書房、2016年）、『建築 - 新しい仕事のかたち―箱の産業から場の産業へ』（彰国社、2013年）、共著書に『和室礼讃―「ふるまい」の空間学』（晶文社、2022年）、『和室学―世界で日本にしかない空間』（平凡社、2020年）、『場の産業実践論―「建築 - 新しい仕事のかたち」をめぐって』（彰国社、2014年）、『2025年の建築「七つの予言」』（日経BP、2014年）、『箱の産業―プレハブ住宅技術者たちの証言』（彰国社、2013年）など。

新・建築職人論

オープンなものづくりコミュニティ

2023年3月10日　第1版第1刷発行

著者　松村秀一

発行者　井口夏実

発行所　株式会社 学芸出版社

京都市下京区木津屋橋通西洞院東入

電話075-343-0811　〒600-8216

http://www.gakugei-pub.jp/

info@gakugei-pub.jp

編集担当　岩切江津子

装丁　美馬智

DTP　梁川智子

編集協力　今井章博

印刷　創栄図書印刷

製本　山崎紙工

ISBN978-4-7615-2842-3